TRANZLATY

El idioma es para todos

ภาษาเป็นสิ่งที่ทุกคนต้องการ

El Manifiesto Comunista

แถลงการณ์คอมมิวนิสต์

Karl Marx
&
Friedrich Engels

Español / ไทย

Copyright © 2025 Tranzlaty

All rights reserved.

Published by Tranzlaty

ISBN: 978-1-80572-442-1

Original text by Karl Marx and Friedrich Engels

The Communist Manifesto

First published in 1848

www.tranzlaty.com

Introducción

แนะ นำ

Un fantasma acecha a Europa: el fantasma del comunismo

ผีกำลังหลอกหลอนยุโรป — ผีของลัทธิคอมมิวนิสต์

Todas las potencias de la vieja Europa han entrado en una santa alianza para exorcizar este fantasma

มหาอำนาจทั้งหมดของยุโรปเก่าได้เข้าร่วมเป็นพันธมิตรอันศักดิ์สิทธิ์เพื่อขับไล่ผีนี้

El Papa y el Zar, Metternich y Guizot, los radicales franceses y los espías de la policía alemana

สมเด็จพระสันตะปาปาและซาร์, Metternich และ Guizot, หัวรุนแรงฝรั่งเศสและสายลับตำรวจเยอรมัน

¿Dónde está el partido en la oposición que no ha sido tachado de comunista por sus adversarios en el poder?

พรรคฝ่ายค้านที่ไม่ถูกประณามว่าเป็นคอมมิวนิสต์จากฝ่ายตรงข้ามที่มีอำนาจอยู่ที่ไหน?

¿Dónde está la Oposición que no haya devuelto el reproche de marca al comunismo contra los partidos de oposición más avanzados?

ฝ่ายค้านที่ไม่ได้โยนคำตำหนิของลัทธิคอมมิวนิสต์กลับไปกับพรรคฝ่ายค้านที่ก้าวหน้ากว่าอยู่ที่ไหน?

¿Y dónde está el partido que no ha hecho la acusación contra sus adversarios reaccionarios?

และพรรคที่ไม่ได้กล่าวหาศัตรูปฏิกิริยาอยู่ที่ไหน?

Dos cosas resultan de este hecho

สองสิ่งเป็นผลมาจากข้อเท็จจริงนี้

I. El comunismo es ya reconocido por todas las potencias europeas como una potencia en sí misma

I.

ลัทธิคอมมิวนิสต์ได้รับการยอมรับจากมหาอำนาจยุโรปทั้งหมดว่าเป็นมหาอำนาจ

II. Ya es hora de que los comunistas publiquen abiertamente, a la vista de todo el mundo, sus puntos de vista, sus objetivos y sus tendencias

II. ถึงเวลาแล้วที่คอมมิวนิสต์ควรเผยแพร่มุมมอง จุดมุ่งหมาย
และแนวโน้มของตนอย่างเปิดเผยต่อหน้าคนทั้งโลก

**deben hacer frente a este cuento infantil del Espectro del
Comunismo con un Manifiesto del propio partido**

พวกเขาต้องพบกับเรื่องราวของผีคอมมิวนิสต์นี้ด้วยแถลงการณ์ของพรรคเอง

**Con este fin, comunistas de diversas nacionalidades se han
reunido en Londres y han esbozado el siguiente Manifiesto**

ด้วยเหตุนี้
คอมมิวนิสต์จากหลากหลายเชื้อชาติจึงรวมตัวกันที่ลอนดอนและร่างแถลงการ
ณ์ต่อไปนี้

**El presente manifiesto se publicará en inglés, francés,
alemán, italiano, flamenco y danés**

แถลงการณ์นี้จะตีพิมพ์ในภาษาอังกฤษ ฝรั่งเศส เยอรมัน อิตาลี เฟลมิช
และเดนมาร์ก

**Y ahora se publicará en todos los idiomas que ofrece
Tranzlaty**

และตอนนี้กำลังจะตีพิมพ์ในทุกภาษาที่ Tranzlaty นำเสนอ

La burguesía y los proletarios
ชนชั้นนายทุนและชนชั้นกรรมาชีพ

La historia de todas las sociedades existentes hasta ahora es la historia de las luchas de clases

ประวัติศาสตร์ของสังคมที่มีอยู่ทั้งหมดจนถึงปัจจุบันคือประวัติศาสตร์ของการต่อสู้ทางชนชั้น

Hombre libre y esclavo, patricio y plebeyo, señor y siervo, maestro de gremio y oficial

อิสระและทาสขุนนางและชาวพลีเบียนขุนนางและทาสหัวหน้ากิลด์และนักเดินทาง

en una palabra, opresor y oprimido

พูดได้คำเดียวคือผู้กดขี่และถูกกดขี่

Estas clases sociales estaban en constante oposición entre sí

ชนชั้นทางสังคมเหล่านี้ยืนหยัดต่อต้านกันอย่างต่อเนื่อง

Llevaron a cabo una lucha ininterrumpida. Ahora oculto, ahora abierto

พวกเขาต่อสู้อย่างต่อเนื่อง ตอนนี้ซ่อนแล้ว ตอนนี้เปิดอยู่

una lucha que terminó en una reconstitución revolucionaria de la sociedad en general

การต่อสู้ที่จบลงด้วยการปฏิวัติรัฐธรรมนูญของสังคมโดยรวม

o una lucha que terminó en la ruina común de las clases contendientes

หรือการต่อสู้ที่จบลงด้วยความพินาศร่วมกันของชนชั้นที่ขัดแย้งกัน

Echemos la vista atrás a las épocas anteriores de la historia

ให้เรามองย้อนกลับไปในยุคก่อนหน้าของประวัติศาสตร์

Encontramos casi en todas partes una complicada organización de la sociedad en varios órdenes

เราพบเกือบทุกที่การจัดเรียงที่ซับซ้อนของสังคมออกเป็นระเบียบต่างๆ

Siempre ha habido una múltiple gradación de rango social

มีการไล่ระดับอันดับทางสังคมที่หลากหลายเสมอ

En la antigua Roma tenemos patricios, caballeros, plebeyos, esclavos

ในกรุงโรมโบราณเรามีขุนนางอัศวินชาวธรรมดาทาส

en la Edad Media: señores feudales, vasallos, maestros de gremios, oficiales, aprendices, siervos

ในยุคกลาง: ขุนนางศักดินา, ข้าราชบริพาร, หัวหน้ากิลด์, นักเดินทาง, เด็กฝึกงาน, ทาส

En casi todas estas clases, de nuevo, las gradaciones subordinadas

ในเกือบทุกคลาสเหล่านี้อีกครั้งการไล่ระดับรอง

La sociedad burguesa moderna ha brotado de las ruinas de la sociedad feudal

สังคมชนชั้นนายทุนสมัยใหม่ได้งอกออกมาจากซากปรักหักพังของสังคมศักดินา

Pero este nuevo orden social no ha eliminado los antagonismos de clase

แต่ระเบียบสังคมใหม่นี้ไม่ได้กำจัดความเป็นปฏิปักษ์ทางชนชั้น

No ha hecho más que establecer nuevas clases y nuevas condiciones de opresión

มันได้สร้างชนชั้นใหม่และเงื่อนไขใหม่ของการกดขี่

Ha establecido nuevas formas de lucha en lugar de las antiguas

ได้สร้างรูปแบบใหม่ของการต่อสู้แทนรูปแบบเก่า

Sin embargo, la época en la que nos encontramos posee un rasgo distintivo

อย่างไรก็ตาม ยุคที่เราพบว่าตัวเองอยู่มีลักษณะเด่นอย่างหนึ่ง

la época de la burguesía ha simplificado los antagonismos de clase

ยุคของชนชั้นนายทุนได้ทำให้ความเป็นปฏิปักษ์ทางชนชั้นง่ายขึ้น

La sociedad en su conjunto se divide cada vez más en dos grandes campos hostiles

สังคมโดยรวมแตกออกเป็นสองค่ายที่เป็นศัตรูที่ยิ่งใหญ่มากขึ้นเรื่อยๆ

dos grandes clases sociales enfrentadas directamente: la burguesía y el proletariado

ชนชั้นทางสังคมที่ยิ่งใหญ่สองชนชั้นที่เผชิญหน้ากันโดยตรง: ชนชั้นนายทุนและชนชั้นกรรมาชีพ

De los siervos de la Edad Media surgieron los burgueses de las primeras ciudades

จากทาสในยุคกลางเกิดชาวเมืองที่ได้รับอนุญาตของเมืองแรกสุด

A partir de estos burgueses se desarrollaron los primeros elementos de la burguesía

จากเบอร์เจสเหล่านี้องค์ประกอบแรกของชนชั้นนายทุนได้รับการพัฒนา

El descubrimiento de América y el doblamiento del Cabo
การค้นพบอเมริกาและการปัดเศษแหลม
estos acontecimientos abrieron un nuevo terreno para la burguesía en ascenso
เหตุการณ์เหล่านี้เปิดพื้นที่ใหม่สำหรับชนชั้นนายทุนที่เพิ่มขึ้น
Los mercados de las Indias Orientales y China, la colonización de América, el comercio con las colonias
ตลาดอินเดียตะวันออกและจีนการล่าอาณานิคมของอเมริกาการค้ากับอาณานิคม
el aumento de los medios de cambio y de las mercancías en general
การเพิ่มขึ้นของวิธีการแลกเปลี่ยนและสินค้าโภคภัณฑ์โดยทั่วไป
Estos acontecimientos dieron al comercio, a la navegación y a la industria un impulso nunca antes conocido
เหตุการณ์เหล่านี้ทำให้การค้า การเดินเรือ
และอุตสาหกรรมเป็นแรงกระตุ้นที่ไม่เคยมีมาก่อน
Dio un rápido desarrollo al elemento revolucionario en la tambaleante sociedad feudal
มันให้การพัฒนาอย่างรวดเร็วแก่องค์ประกอบการปฏิวัติในสังคมศักดินาที่สั่นคลอน
Los gremios cerrados habían monopolizado el sistema feudal de producción industrial
กิลด์ปิดผูกขาดระบบศักดินาของการผลิตทางอุตสาหกรรม
Pero esto ya no bastaba para satisfacer las crecientes necesidades de los nuevos mercados
แต่นี่ไม่เพียงพอสำหรับความต้องการที่เพิ่มขึ้นของตลาดใหม่อีกต่อไป
El sistema manufacturero sustituyó al sistema feudal de la industria
ระบบการผลิตเข้ามาแทนที่ระบบศักดินาของอุตสาหกรรม
Los maestros de gremio fueron empujados a un lado por la clase media manufacturera
หัวหน้ากิลด์ถูกผลักดันไปด้านหนึ่งโดยชนชั้นกลางด้านการผลิต
La división del trabajo entre los diferentes gremios corporativos desapareció
การแบ่งงานระหว่างกิลด์องค์กรต่างๆ หายไป
La división del trabajo penetraba en cada uno de los talleres
การแบ่งงานแทรกซึมเข้าไปในการประชุมเชิงปฏิบัติการแต่ละแห่ง

Mientras tanto, los mercados seguían creciendo y la demanda seguía aumentando

ในขณะเดียวกันตลาดก็เติบโตขึ้นเรื่อย ๆ และความต้องการก็เพิ่มขึ้นเรื่อยๆ

Ni siquiera las fábricas bastaban para satisfacer las demandas

แม้แต่โรงงานก็ไม่เพียงพอต่อความต้องการอีกต่อไป

A partir de entonces, el vapor y la maquinaria revolucionaron la producción industrial

จากนั้นไอน้ำและเครื่องจักรได้ปฏิวัติการผลิตทางอุตสาหกรรม

El lugar de la manufactura fue ocupado por el gigante, la Industria Moderna

สถานที่ผลิตถูกยึดครองโดยยักษ์ใหญ่อุตสาหกรรมสมัยใหม่

El lugar de la clase media industrial fue ocupado por millonarios industriales

สถานที่ของชนชั้นกลางอุตสาหกรรมถูกยึดครองโดยเศรษฐีอุตสาหกรรม

el lugar de los jefes de ejércitos industriales enteros fue ocupado por la burguesía moderna

ตำแหน่งผู้นำของกองทัพอุตสาหกรรมทั้งหมดถูกยึดครองโดยชนชั้นนายทุนสมัยใหม่

el descubrimiento de América allanó el camino para que la industria moderna estableciera el mercado mundial

การค้นพบอเมริกาปูทางไปสู่อุตสาหกรรมสมัยใหม่ในการสร้างตลาดโลก

Este mercado dio un inmenso desarrollo al comercio, la navegación y la comunicación por tierra

ตลาดนี้ให้การพัฒนาอย่างมากต่อการค้า การเดินเรือ และการสื่อสารทางบก

Este desarrollo ha repercutido, en su momento, en la extensión de la industria

การพัฒนานี้ในช่วงเวลานั้นมีปฏิกิริยาต่อการขยายตัวของอุตสาหกรรม

Reaccionó en proporción a cómo se extendía la industria, y cómo se extendían el comercio, la navegación y los ferrocarriles

มันตอบสนองตามสัดส่วนที่อุตสาหกรรมขยายตัว และการค้า การเดินเรือ และการรถไฟขยายออกไปอย่างไร

en la misma proporción en que la burguesía se desarrolló, aumentó su capital

ในสัดส่วนเดียวกับที่ชนชั้นนายทุนพัฒนาขึ้นพวกเขาเพิ่มทุน

y la burguesía relegó a un segundo plano a todas las clases heredadas de la Edad Media

และชนชั้นนายทุนผลักดันทุกชนชั้นที่สืบทอดมาจากยุคกลาง

por lo tanto, la burguesía moderna es en sí misma el producto de un largo curso de desarrollo

ดังนั้นชนชั้นนายทุนสมัยใหม่จึงเป็นผลผลิตของการพัฒนาที่ยาวนาน

Vemos que es una serie de revoluciones en los modos de producción y de intercambio

เราเห็นว่ามันเป็นชุดของการปฏิวัติในรูปแบบการผลิตและการแลกเปลี่ยน

Cada paso de la burguesía desarrollista iba acompañado de un avance político correspondiente

แต่ละขั้นตอนของชนชั้นนายทุนที่พัฒนาขึ้นมาพร้อมกับความก้าวหน้าทางการเมืองที่สอดคล้องกัน

Una clase oprimida bajo el dominio de la nobleza feudal

ชนชั้นที่ถูกกดขี่ภายใต้อิทธิพลของขุนนางศักดินา

una asociación armada y autónoma en la comuna medieval

สมาคมติดอาวุธและปกครองตนเองในชุมชนยุคกลาง

aquí, una república urbana independiente (como en Italia y Alemania)

ที่นี่สาธารณรัฐในเมืองอิสระ (เช่นเดียวกับในอิตาลีและเยอรมนี)

allí, un "tercer estado" imponible de la monarquía (como en Francia)

มี "อสังหาริมทรัพย์ที่สาม" ที่ต้องเสียภาษีของสถาบันกษัตริย์ (เช่นเดียวกับในฝรั่งเศส)

posteriormente, en el período de fabricación propiamente dicho

หลังจากนั้นในช่วงเวลาของการผลิตที่เหมาะสม

la burguesía servía a la monarquía semifeudal o a la monarquía absoluta

ชนชั้นนายทุนรับใช้ทั้งกึ่งศักดินาหรือระบอบสมบูรณาญาสิทธิราชย์

o la burguesía actuaba como contrapeso contra la nobleza

หรือชนชั้นนายทุนทำหน้าที่เป็นตัวต่อต้านขุนนาง

y, de hecho, la burguesía era una piedra angular de las grandes monarquías en general

และในความเป็นจริงชนชั้นนายทุนเป็นรากฐานที่สำคัญของสถาบันกษัตริย์ที่ยิ่งใหญ่โดยทั่วไป

pero la industria moderna y el mercado mundial se establecieron desde entonces

แต่อุตสาหกรรมสมัยใหม่และตลาดโลกได้ก่อตั้งตัวเองตั้งแต่นั้นมา

y la burguesía ha conquistado para sí el dominio político exclusivo

และชนชั้นนายทุนได้พิชิตอิทธิพลทางการเมืองเฉพาะตัวเพื่อตัวเอง

logró esta influencia política a través del Estado representativo moderno

มันบรรลุอิทธิพลทางการเมืองนี้ผ่านรัฐตัวแทนสมัยใหม่

Los ejecutivos del Estado moderno no son más que un comité de gestión

ผู้บริหารของรัฐสมัยใหม่เป็นเพียงคณะกรรมการบริหาร

y manejan los asuntos comunes de toda la burguesía

และพวกเขาจัดการกิจการทั่วไปของชนชั้นนายทุนทั้งหมด

La burguesía, históricamente, ha desempeñado un papel muy revolucionario

ในอดีตชนชั้นนายทุนมีบทบาทในการปฏิวัติมากที่สุด

Dondequiera que se impuso, puso fin a todas las relaciones feudales, patriarcales e idílicas

เมื่อใดก็ตามที่ได้เปรียบ มันก็ยุติความสัมพันธ์แบบศักดินา ปิตาธิปไตย และงดงามทั้งหมด

Ha roto sin piedad los abigarrados lazos feudales que unían al hombre con sus "superiores naturales"

มันได้ฉีกขาดสายสัมพันธ์ศักดินาที่หลากหลายซึ่งผูกมัดมนุษย์กับ "ผู้บังคับบัญชาตามธรรมชาติ" ของเขาอย่างไร้ความปราณี

y no ha dejado ningún nexo entre el hombre y el hombre, más allá del puro interés propio

และมันไม่เหลือความเชื่อมโยงระหว่างมนุษย์กับมนุษย์นอกเหนือจากผลประโยชน์ส่วนตนที่เปลือยเปล่า

Las relaciones del hombre entre sí se han convertido en nada más que un cruel "pago en efectivo"

ความสัมพันธ์ของมนุษย์ที่มีต่อกันไม่มีอะไรมากไปกว่า "การจ่ายเงินสด" ที่ไร้น้ำใจ

Ha ahogado los éxtasis más celestiales del fervor religioso

มันได้จมน้ำตายความปีติยินดีจากสวรรค์ที่สุดของความกระตือรือร้นทางศาสนา

ha ahogado el entusiasmo caballeresco y el sentimentalismo filisteo

มันได้จมน้ำตายความกระตือรือรันของอัศวินและความรู้สึกของฟิลิสติน

ha ahogado estas cosas en el agua helada del cálculo egoísta

มันจมน้ำตายในน้ำเย็นของการคำนวณที่เห็นแก่ตัว

Ha resuelto el valor personal en valor de cambio

มันได้แก้ไขคุณค่าส่วนบุคคลให้เป็นมูลค่าแลกเปลี่ยนได้

Ha sustituido a las innumerables e imprescriptibles libertades estatutarias

มันได้เข้ามาแทนที่เสรีภาพที่นับไม่ถ้วนและไม่สามารถลบล้างได้

y ha establecido una libertad única e inconcebible; Libre cambio

และได้สร้างเสรีภาพเดียวที่ไร้มโนธรรม การค้าเสรี

En una palabra, lo ha hecho para la explotación

พูดได้คำเดียวว่ามันทำเช่นนี้เพื่อเอารัดเอาเปรียบ

explotación velada por ilusiones religiosas y políticas

การแสวงหาผลประโยชน์ที่ปกคลุมด้วยภาพลวงตาทางศาสนาและการเมือง

explotación velada por una explotación desnuda, desvergonzada, directa, brutal

การแสวงหาผลประโยชน์ที่ปกคลุมด้วยการแสวงหาผลประโยชน์ที่เปลือยเปล่าไร้ยางอายโดยตรงและโหดร้าย

la burguesía ha despojado de la aureola a todas las ocupaciones anteriormente honradas y veneradas

ชนชั้นนายทุนได้ถอดรัศมีออกจากอาชีพที่ได้รับเกียรติและเคารพนับถือก่อนหน้านี้

el médico, el abogado, el sacerdote, el poeta y el hombre de ciencia

แพทย์ ทนายความ นักบวช กวี และนักวิทยาศาสตร์

Ha convertido a estos distinguidos trabajadores en sus trabajadores asalariados

ได้เปลี่ยนคนงานที่มีชื่อเสียงเหล่านี้ให้เป็นแรงงานที่ได้รับค่าจ้าง

La burguesía ha rasgado el velo sentimental de la familia

ชนชั้นนายทุนได้ฉีกม่านอารมณ์ออกจากครอบครัว

y ha reducido la relación familiar a una mera relación monetaria

และได้ลดความสัมพันธ์ในครอบครัวให้เหลือเพียงความสัมพันธ์ทางเงิน

el brutal despliegue de vigor en la Edad Media que tanto admiran los reaccionarios

การแสดงความแข็งแกร่งที่โหดร้ายในยุคกลางที่พวกปฏิกิริยาชื่นชมมาก

Aun esto encontró su complemento adecuado en la más perezosa indolencia

แม้สิ่งนี้ก็พบส่วนเสริมที่เหมาะสมในความเกียจคร้านที่สุด

La burguesía ha revelado cómo sucedió todo esto

ชนชั้นนายทุนได้เปิดเผยว่าทั้งหมดนี้เกิดขึ้นได้อย่างไร

La burguesía ha sido la primera en mostrar lo que la actividad del hombre puede producir

ชนชั้นนายทุนเป็นคนแรกที่แสดงให้เห็นว่ากิจกรรมของมนุษย์สามารถนำมาซึ่งอะไรได้บ้าง

Ha logrado maravillas que superan con creces las pirámides egipcias, los acueductos romanos y las catedrales góticas

มันได้สร้างความมหัศจรรย์ที่เหนือกว่าปิรามิดอียิปต์ ท่อระบายน้ำโรมัน และมหาวิหารโกธิค

y ha llevado a cabo expediciones que han hecho sombra a todos los antiguos Éxodos de naciones y cruzadas

และได้ดำเนินการสำรวจที่ปิดบังการอพยพของประชาชาติและสงครามครูเสดในอดีตทั้งหมด

La burguesía no puede existir sin revolucionar constantemente los instrumentos de producción

ชนชั้นนายทุนไม่สามารถดำรงอยู่ได้หากไม่ปฏิวัติเครื่องมือการผลิตอย่างต่อเนื่อง

y, por lo tanto, no puede existir sin sus relaciones con la producción

และด้วยเหตุนี้จึงไม่สามารถดำรงอยู่ได้หากปราศจากความสัมพันธ์กับการผลิต

y, por lo tanto, no puede existir sin sus relaciones con la sociedad

ดังนั้นจึงไม่สามารถดำรงอยู่ได้หากปราศจากความสัมพันธ์กับสังคม

Todas las clases industriales anteriores tenían una condición en común

ชนชั้นอุตสาหกรรมก่อนหน้านี้ทั้งหมดมีเงื่อนไขหนึ่งที่เหมือนกัน

Confiaban en la conservación de los antiguos modos de producción

พวกเขาพึ่งพาการอนุรักษ์รูปแบบการผลิตแบบเก่า

pero la burguesía trajo consigo una dinámica completamente nueva

แต่ชนชั้นกลางนำมาซึ่งพลวัตใหม่ทั้งหมด

Revolucionar constantemente la producción y perturbar ininterrumpidamente todas las condiciones sociales

การปฏิวัติการผลิตอย่างต่อเนื่องและการรบกวนสภาพสังคมทั้งหมดอย่างต่อเนื่อง

esta eterna incertidumbre y agitación distingue a la época burguesa de todas las anteriores

ความไม่แน่นอนและความปั่นป่วนอันเป็นนิรันดร์นี้ทำให้ยุคชนชั้นนายทุนแตกต่างจากยุคก่อนหน้านี้ทั้งหมด

Las relaciones previas con la producción vinieron acompañadas de antiguos y venerables prejuicios y opiniones

ความสัมพันธ์ก่อนหน้านี้กับการผลิตมาพร้อมกับอคติและความคิดเห็นที่เก่าแก่และน่านับถือ

Pero todas estas relaciones fijas y congeladas son barridas

แต่ความสัมพันธ์ที่คงที่และแช่แข็งอย่างรวดเร็วทั้งหมดนี้ถูกกวาดล้างไป

Todas las relaciones recién formadas se vuelven anticuadas antes de que puedan osificarse

ความสัมพันธ์ที่ก่อตัวขึ้นใหม่ทั้งหมดจะล้าสมัยก่อนที่พวกเขาจะกลายเป็นกระดูก

Todo lo que es sólido se derrite en el aire, y todo lo que es santo es profanado

สิ่งที่เป็นของแข็งจะละลายในอากาศ และสิ่งบริสุทธิ์ทั้งหมดถูกดูหมิ่น

El hombre se ve finalmente obligado a afrontar con sus sentidos sobrios sus verdaderas condiciones de vida

ในที่สุดมนุษย์ก็ถูกบังคับให้เผชิญหน้ากับความรู้สึกที่เงียบขรึมสภาพชีวิตที่แท้จริงของเขา

y se ve obligado a afrontar sus relaciones con los de su especie

และเขาถูกบังคับให้เผชิญหน้ากับความสัมพันธ์ของเขากับเผ่าพันธุ์ของเขา

La burguesía necesita constantemente ampliar sus mercados para sus productos

ชนชั้นนายทุนจำเป็นต้องขยายตลาดสำหรับผลิตภัณฑ์ของตนอย่างต่อเนื่อง

y, debido a esto, la burguesía es perseguida por toda la superficie del globo

และด้วยเหตุนี้ ชนชั้นนายทุนจึงถูกไล่ล่าไปทั่วพื้นผิวโลก

La burguesía debe anidar en todas partes, establecerse en todas partes, establecer conexiones en todas partes

ชนชั้นนายทุนต้องอาศัยอยู่ทุกที่ ตั้งถิ่นฐานทุกที่ สร้างความสัมพันธ์ทุกที่

La burguesía debe crear mercados en todos los rincones del mundo para explotar

ชนชั้นนายทุนต้องสร้างตลาดในทุกมุมโลกเพื่อแสวงหาประโยชน์

La producción y el consumo en todos los países han adquirido un carácter cosmopolita

การผลิตและการบริโภคในทุกประเทศมีลักษณะเป็นสากล

el disgusto de los reaccionarios es palpable, pero ha continuado a pesar de todo

ความผิดหวังของพวกปฏิกิริยานั้นชัดเจน แต่ก็ดำเนินต่อไปโดยไม่คำนึงถึง

La burguesía ha sacado de debajo de los pies de la industria el terreno nacional en el que se encontraba

ชนชั้นนายทุนได้ดึงพื้นดินแห่งชาติที่ยืนอยู่จากใต้เท้าของอุตสาหกรรม

Todas las industrias nacionales de vieja data han sido destruidas, o están siendo destruidas diariamente

อุตสาหกรรมแห่งชาติที่เก่าแก่ทั้งหมดถูกทำลายหรือถูกทำลายทุกวัน

Todas las viejas industrias nacionales son desplazadas por las nuevas industrias

อุตสาหกรรมแห่งชาติที่เก่าแก่ทั้งหมดถูกขับไล่โดยอุตสาหกรรมใหม่

Su introducción se convierte en una cuestión de vida o muerte para todas las naciones civilizadas

การแนะนำของพวกเขากลายเป็นคำถามเกี่ยวกับชีวิตและความตายสำหรับทุกประเทศที่มีอารยธรรม

son desalojados por industrias que ya no trabajan con materia prima autóctona

พวกเขาถูกขับไล่โดยอุตสาหกรรมที่ไม่ได้ใช้วัตถุดิบพื้นเมืองอีกต่อไป

En cambio, estas industrias extraen materias primas de las zonas más remotas

อุตสาหกรรมเหล่านี้ดึงวัตถุดิบจากโซนห่างไกลที่สุด

industrias cuyos productos se consumen, no solo en el país, sino en todos los rincones del mundo

อุตสาหกรรมที่มีการบริโภคผลิตภัณฑ์ไม่เพียง แต่ที่บ้านเท่านั้น
แต่ในทุกไตรมาสของโลก

En lugar de las viejas necesidades, satisfechas por las producciones del país, encontramos nuevas necesidades

แทนที่ความต้องการเก่าที่พึงพอใจจากการผลิตของประเทศเราพบความต้องการใหม่

Estas nuevas necesidades requieren para su satisfacción los productos de tierras y climas lejanos

ความต้องการใหม่เหล่านี้ต้องการผลผลิตจากดินแดนและภูมิอากาศอันห่างไกลเพื่อความพึงพอใจของพวกเขา

En lugar de la antigua reclusión y autosuficiencia local y nacional, tenemos el comercio

แทนที่ความสันโดษในท้องถิ่นและระดับชาติแบบเก่าและการพึ่งพาตนเองเรามีการค้าขาย

intercambio internacional en todas las direcciones; Interdependencia universal de las naciones

การแลกเปลี่ยนระหว่างประเทศในทุกทิศทาง
การพึ่งพาซึ่งกันและกันของประเทศสากล

Y así como dependemos de los materiales, también dependemos de la producción intelectual

และเช่นเดียวกับที่เราพึ่งพาวัสดุ เราก็ต้องพึ่งพาการผลิตทางปัญญา

Las creaciones intelectuales de las naciones individuales se convierten en propiedad común

การสร้างสรรค์ทางปัญญาของแต่ละประเทศกลายเป็นทรัพย์สินส่วนกลาง

La unilateralidad nacional y la estrechez de miras se vuelven cada vez más imposibles

ความด้านเดียวของชาติและความใจแคบกลายเป็นไปไม่ได้มากขึ้นเรื่อยๆ

y de las numerosas literaturas nacionales y locales, surge una literatura mundial

และจากวรรณกรรมระดับชาติและระดับท้องถิ่นจำนวนมาก
ก็มีวรรณกรรมระดับโลกเกิดขึ้น

por el rápido perfeccionamiento de todos los instrumentos de producción

โดยการปรับปรุงอย่างรวดเร็วของเครื่องมือการผลิตทั้งหมด

por los medios de comunicación inmensamente facilitados

โดยวิธีการสื่อสารที่อำนวยความสะดวกอย่างมาก

La burguesía atrae a todos (incluso a las naciones más bárbaras) a la civilización

ชนชั้นนายทุนดึงทุกคน (แม้กระทั่งประเทศที่ป่าเถื่อนที่สุด) เข้าสู่อารยธรรม

Los precios baratos de sus mercancías; la artillería pesada que derriba todas las murallas chinas

ราคาสินค้าราคาถูก ปืนใหญ่หนักที่ทำลายกำแพงจีนทั้งหมด

El odio intensamente obstinado de los bárbaros hacia los extranjeros se ve obligado a capitular

ความเกลียดชังชาวต่างชาติอย่างดื้อรั้นของคนป่าเถื่อนถูกบังคับให้ยอมจำนน

Obliga a todas las naciones, bajo pena de extinción, a adoptar el modo de producción burgués

มันบังคับให้ทุกประเทศที่เจ็บปวดจากการสูญพันธุ์มาใช้รูปแบบการผลิตของชนชั้นกลาง

los obliga a introducir lo que llama civilización en su seno

มันบังคับให้พวกเขาแนะนำสิ่งที่เรียกว่าอารยธรรมท่ามกลางพวกเขา

La burguesía obliga a los bárbaros a convertirse ellos mismos en burgueses

ชนชั้นนายทุนบังคับให้คนป่าเถื่อนกลายเป็นชนชั้นนายทุนเอง

en una palabra, la burguesía crea un mundo a su imagen y semejanza

กล่าวได้ว่าชนชั้นนายทุนสร้างโลกตามภาพลักษณ์ของตัวเอง

La burguesía ha sometido el campo al dominio de las ciudades

ชนชั้นนายทุนได้ทำให้ชนบทอยู่ภายใต้การปกครองของเมือง

Ha creado enormes ciudades y ha aumentado considerablemente la población urbana

มันได้สร้างเมืองขนาดใหญ่และเพิ่มประชากรในเมืองอย่างมาก

Rescató a una parte considerable de la población de la idiotez de la vida rural

มันช่วยชีวิตประชากรส่วนใหญ่จากความโง่เขลาของชีวิตในชนบท

pero ha hecho que los del campo dependan de las ciudades

แต่มันทำให้คนในชนบทต้องพึ่งพาเมือง

y asimismo, ha hecho que los países bárbaros dependan de los civilizados

และในทำนองเดียวกัน มันทำให้ประเทศป่าเถื่อนต้องพึ่งพาอารยธรรม

naciones de campesinos sobre naciones de la burguesía, el Este sobre el Oeste

ประเทศของชาวนากับชนชั้นนายทุนตะวันออกบนตะวันตก

La burguesía suprime cada vez más el estado disperso de la población

ชนชั้นนายทุนกำจัดสภาพที่กระจัดกระจายของประชากรมากขึ้นเรื่อยๆ
Ha aglomerado la producción y ha concentrado la propiedad en pocas manos
มีการผลิตที่รวมตัวกันและมีคุณสมบัติเข้มข้นในมือไม่กี่คน
La consecuencia necesaria de esto fue la centralización política
ผลที่ตามมาที่จำเป็นของสิ่งนี้คือการรวมศูนย์ทางการเมือง
Había habido naciones independientes y provincias poco conectadas
มีประเทศเอกราชและจังหวัดที่เชื่อมต่อกันอย่างหลวม ๆ
Tenían intereses, leyes, gobiernos y sistemas tributarios separados
พวกเขามีผลประโยชน์กฎหมายรัฐบาลและระบบการจัดเก็บภาษีที่แยกจากกัน
pero se han agrupado en una sola nación, con un solo gobierno
แต่พวกเขาได้รวมเข้าด้วยกันเป็นประเทศเดียว
Ahora tienen un interés nacional de clase, una frontera y un arancel aduanero
ตอนนี้พวกเขามีผลประโยชน์ระดับชาติหนึ่งพรมแดนและภาษีศุลกากรหนึ่งรายการ
Y este interés nacional de clase está unificado bajo un solo código de leyes
และผลประโยชน์ทางชนชั้นแห่งชาตินี้รวมกันภายใต้ประมวลกฎหมายเดียว
la burguesía ha logrado mucho durante su gobierno de apenas cien años
ชนชั้นนายทุนประสบความสำเร็จอย่างมากในช่วงการปกครองที่หายากหนึ่งร้อยปี
fuerzas productivas más masivas y colosales que todas las generaciones precedentes juntas
กำลังการผลิตที่ใหญ่โตและมหาศาลมากกว่าคนรุ่นก่อนๆ ทั้งหมดรวมกัน
Las fuerzas de la naturaleza están subyugadas a la voluntad del hombre y su maquinaria
พลังของธรรมชาติถูกปราบปรามต่อเจตจำนงของมนุษย์และเครื่องจักรของเขา
La química se aplica a todas las formas de industria y tipos de agricultura
เคมีถูกนำไปใช้กับอุตสาหกรรมและเกษตรทุกประเภท

la navegación a vapor, los ferrocarriles, los telégrafos eléctricos y la imprenta

การนำทางด้วยไอน้ำ ทางรถไฟ โทรเลขไฟฟ้า และแท่นพิมพ์

desbroce de continentes enteros para el cultivo, canalización de ríos

การแผ้วถางทั้งทวีปเพื่อการเพาะปลูก

Poblaciones enteras han sido sacadas de la tierra y puestas a trabajar

ประชากรทั้งหมดถูกเสกขึ้นมาจากพื้นดินและนำไปใช้งาน

¿Qué siglo anterior tuvo siquiera un presentimiento de lo que podría desencadenarse?

ศตวรรษก่อนหน้านี้มีแม้แต่ลางสังหรณ์ของสิ่งที่สามารถปลดปล่อยได้?

¿Quién predijo que tales fuerzas productivas dormitaban en el regazo del trabajo social?

ใครทำนายว่ากำลังการผลิตดังกล่าวหลับใหลในตักของแรงงานสังคม?

Vemos, pues, que los medios de producción y de intercambio se generaban en la sociedad feudal

เราเห็นว่าวิธีการผลิตและการแลกเปลี่ยนถูกสร้างขึ้นในสังคมศักดินา

los medios de producción sobre cuyos cimientos se construyó la burguesía

วิธีการผลิตที่ชนชั้นนายทุนสร้างขึ้นบนรากฐาน

En una determinada etapa del desarrollo de estos medios de producción y de intercambio

ในขั้นตอนหนึ่งในการพัฒนาวิธีการผลิตและการแลกเปลี่ยนเหล่านี้

las condiciones bajo las cuales la sociedad feudal producía e intercambiaba

เงื่อนไขที่สังคมศักดินาผลิตและแลกเปลี่ยน

La organización feudal de la agricultura y la industria manufacturera

องค์กรศักดินาแห่งการเกษตรและอุตสาหกรรมการผลิต

Las relaciones feudales de propiedad ya no eran compatibles con las condiciones materiales

ความสัมพันธ์ของทรัพย์สินแบบศักดินาไม่สอดคล้องกับเงื่อนไขทางวัตถุอีกต่อไป

Tuvieron que ser reventados en pedazos, por lo que fueron reventados en pedazos

พวกเขาต้องแตกเป็นชิ้นๆ ดังนั้นพวกเขาจึงแตกเป็นชิ้นๆ

En su lugar entró la libre competencia de las fuerzas productivas

เข้ามาแทนที่พวกเขาก้าวแข่งขันอย่างอิสระจากกำลังการผลิต

y fueron acompañadas de una constitución social y política adaptada a ella

และพวกเขามาพร้อมกับรัฐธรรมนูญทางสังคมและการเมืองที่ปรับให้เข้ากับมัน

y.fue acompañado por el dominio económico y político de la burguesía

และมันมาพร้อมกับอิทธิพลทางเศรษฐกิจและการเมืองของชนชั้นนายทุน

Un movimiento similar está ocurriendo ante nuestros propios ojos

การเคลื่อนไหวที่คล้ายกันกำลังเกิดขึ้นต่อหน้าต่อตาเราเอง

La sociedad burguesa moderna con sus relaciones de producción, de intercambio y de propiedad

สังคมชนชั้นนายทุนสมัยใหม่ที่มีความสัมพันธ์ของการผลิตและการแลกเปลี่ยนและทรัพย์สิน

una sociedad que ha conjurado medios de producción y de intercambio tan gigantescos

สังคมที่สร้างวิธีการผลิตและการแลกเปลี่ยนขนาดมหึมา

Es como el hechicero que invocó los poderes del mundo inferior

มันเหมือนกับฟอมดที่เรียกพลังของโลกใต้ดิน

Pero ya no es capaz de controlar lo que ha traído al mundo

แต่เขาไม่สามารถควบคุมสิ่งที่เขานำมาสู่โลกได้อีกต่อไป

Durante muchas décadas, la historia pasada estuvo unida por un hilo conductor

เป็นเวลาหลายทศวรรษที่ผ่านมาประวัติศาสตร์ถูกผูกมัดด้วยด้ายร่วมกัน

La historia de la industria y del comercio no ha sido más que la historia de las revueltas

ประวัติศาสตร์ของอุตสาหกรรมและการพาณิชย์เป็นเพียงประวัติศาสตร์ของการจลาจล

las revueltas de las fuerzas productivas modernas contra las condiciones modernas de producción

การจลาจลของกำลังการผลิตสมัยใหม่กับเงื่อนไขการผลิตที่ทันสมัย

Las revueltas de las fuerzas productivas modernas contra las relaciones de propiedad

การจลาจลของกำลังการผลิตสมัยใหม่ต่อต้านความสัมพันธ์ด้านทรัพย์สิน

estas relaciones de propiedad son las condiciones para la existencia de la burguesía

ความสัมพันธ์ด้านทรัพย์สินเหล่านี้เป็นเงื่อนไขสำหรับการดำรงอยู่ของชนชั้นนายทุน

y la existencia de la burguesía determina las reglas de las relaciones de propiedad

และการดำรงอยู่ของชนชั้นนายทุนเป็นตัวกำหนดกฎสำหรับความสัมพันธ์ด้านทรัพย์สิน

Baste mencionar el retorno periódico de las crisis comerciales

ก็เพียงพอที่จะกล่าวถึงการกลับมาของวิกฤตการณ์ทางการค้าเป็นระยะ

cada crisis comercial es más amenazante para la sociedad burguesa que la anterior

วิกฤตการค้าแต่ละครั้งเป็นภัยคุกคามต่อสังคมชนชั้นนายทุนมากกว่าครั้งก่อน

En estas crisis se destruye gran parte de los productos existentes

ในวิกฤตเหล่านี้ผลิตภัณฑ์ที่มีอยู่ส่วนใหญ่ถูกทำลาย

Pero estas crisis también destruyen las fuerzas productivas previamente creadas

แต่วิกฤตเหล่านี้ยังทำลายกำลังการผลิตที่สร้างขึ้นก่อนหน้านี้

En todas las épocas anteriores, estas epidemias habrían parecido un absurdo

ในยุคก่อนหน้านี้การแพร่ระบาดเหล่านี้ดูเหมือนจะไร้สาระ

porque estas epidemias son las crisis comerciales de la sobreproducción

เพราะการแพร่ระบาดเหล่านี้เป็นวิกฤตทางการค้าของการผลิตมากเกินไป

De repente, la sociedad se encuentra de nuevo en un estado de barbarie momentánea

ทันใดนั้นสังคมก็พบว่าตัวเองกลับเข้าสู่สภาวะป่าเถื่อนชั่วขณะ

como si una guerra universal de devastación hubiera cortado todos los medios de subsistencia

ราวกับว่าสงครามแห่งความหายนะสากลได้ตัดวิธีการดำรงชีพทุกอย่าง

la industria y el comercio parecen haber sido destruidos; ¿Y por qué?

อุตสาหกรรมและการพาณิชย์ดูเหมือนจะถูกทำลาย และทำไม?

Porque hay demasiada civilización y medios de subsistencia

เพราะมีอารยธรรมและวิธีการดำรงชีพมากเกินไป

y porque hay demasiada industria y demasiado comercio

และเพราะมีอุตสาหกรรมมากเกินไปและการค้ามากเกินไป

Las fuerzas productivas a disposición de la sociedad ya no desarrollan la propiedad burguesa

กำลังการผลิตในการกำจัดของสังคมไม่พัฒนาทรัพย์สินของชนชั้นนายทุนอีกต่อไป

por el contrario, se han vuelto demasiado poderosos para estas condiciones, por las cuales están encadenados

ในทางตรงกันข้ามพวกเขามีอำนาจมากเกินไปสำหรับเงื่อนไขเหล่านี้ซึ่งพวกเขาถูกตรวนไว้

tan pronto como superan estas cadenas, traen el desorden a toda la sociedad burguesa

ทันทีที่พวกเขาเอาชนะโซ่ตรวนเหล่านี้

พวกเขาก็นำความวุ่นวายมาสู่สังคมชนชั้นกลางทั้งหมด

y las fuerzas productivas ponen en peligro la existencia de la propiedad burguesa

และกำลังการผลิตเป็นอันตรายต่อการดำรงอยู่ของทรัพย์สินของชนชั้นนายทุน

Las condiciones de la sociedad burguesa son demasiado estrechas para abarcar la riqueza creada por ellas

เงื่อนไขของสังคมชนชั้นนายทุนนั้นแคบเกินไปที่จะประกอบด้วยความมั่งคั่งที่สร้างขึ้นโดยพวกเขา

¿Y cómo supera la burguesía estas crisis?

และชนชั้นนายทุนจะเอาชนะวิกฤตเหล่านี้ได้อย่างไร?

Por un lado, supera estas crisis mediante la destrucción forzada de una masa de fuerzas productivas

ในแง่หนึ่งมันเอาชนะวิกฤตเหล่านี้ด้วยการบังคับทำลายมวลของกำลังการผลิต

por otro lado, supera estas crisis mediante la conquista de nuevos mercados

ในทางกลับกัน มันเอาชนะวิกฤตเหล่านี้ด้วยการพิชิตตลาดใหม่

y supera estas crisis mediante la explotación más completa de las viejas fuerzas productivas

และเอาชนะวิกฤตเหล่านี้ด้วยการแสวงหาประโยชน์จากกองกำลังการผลิตเก่าอย่างละเอียดยิ่งขึ้น

Es decir, allanando el camino para crisis más extensas y destructivas

กล่าวคือ โดยการปูทางไปสู่วิกฤตการณ์ที่กว้างขวางและทำลายล้างมากขึ้น

supera la crisis disminuyendo los medios para prevenir las crisis

มันเอาชนะวิกฤตโดยลดวิธีการป้องกันวิกฤต

Las armas con las que la burguesía derribó el feudalismo se vuelven ahora contra sí misma

อาวุธที่ชนชั้นนายทุนใช้โค่นล้มศักดินาลงสู่พื้นตอนนี้หันกลับมาต่อต้านตัวเอง

Pero la burguesía no sólo ha forjado las armas que le dan la muerte

แต่ไม่เพียงแต่ชนชั้นนายทุนเท่านั้นที่ได้ปลอมแปลงอาวุธที่นำความตายมาสู่ตัวเอง

También ha llamado a la existencia a los hombres que han de empuñar esas armas

นอกจากนี้ยังเรียกผู้ชายที่จะถืออาวุธเหล่านั้น

Y estos hombres son la clase obrera moderna; Son los proletarios

และคนเหล่านี้คือชนชั้นแรงงานสมัยใหม่ พวกเขาคือชนชั้นกรรมาชีพ

En la misma proporción en que se desarrolla la burguesía, en la misma proporción se desarrolla el proletariado

ในสัดส่วนที่ชนชั้นนายทุนได้รับการพัฒนาในสัดส่วนเดียวกันคือชนชั้นกรรมาชีพที่พัฒนาขึ้น

La clase obrera moderna desarrolló una clase de trabajadores

ชนชั้นแรงงานสมัยใหม่ได้พัฒนาชนชั้นแรงงาน

Esta clase de obreros vive sólo mientras encuentran trabajo

แรงงานชนชั้นนี้มีชีวิตอยู่ตราบเท่าที่พวกเขาหางานทำ

y sólo encuentran trabajo mientras su trabajo aumenta el capital

และพวกเขาหางานทำได้ก็ต่อเมื่อแรงงานของพวกเขาเพิ่มทุน

Estos obreros, que deben venderse a destajo, son una mercancía

แรงงานเหล่านี้ที่ต้องขายตัวเองทีละชิ้นเป็นสินค้า

Estos obreros son como cualquier otro artículo de comercio

แรงงานเหล่านี้ก็เหมือนกับสินค้าพาณิชย์อื่น ๆ

y, en consecuencia, están expuestos a todas las vicisitudes de la competencia

และด้วยเหตุนี้พวกเขาจึงต้องเผชิญกับความผันผวนของการแข่งขันทั้งหมด

Tienen que capear todas las fluctuaciones del mercado

พวกเขาต้องรับมือกับความผันผวนของตลาด

Debido al uso extensivo de maquinaria y a la división del trabajo

เนื่องจากการใช้เครื่องจักรอย่างกว้างขวางและการแบ่งงาน

El trabajo de los proletarios ha perdido todo carácter individual

งานของชนชั้นกรรมาชีพได้สูญเสียลักษณะส่วนบุคคลทั้งหมด

y, en consecuencia, el trabajo de los proletarios ha perdido todo encanto para el obrero

และด้วยเหตุนี้ งานของชนชั้นกรรมาชีพจึงสูญเสียเสน่ห์ทั้งหมดสำหรับคนงาน

Se convierte en un apéndice de la máquina, en lugar del hombre que una vez fue

เขากลายเป็นส่วนเสริมของเครื่องจักร แทนที่จะเป็นคนที่เขาเคยเป็น

Sólo se requiere de él la habilidad más simple, monótona y más fácil de adquirir

เขาต้องการเพียงความสามารถพิเศษที่เรียบง่าย ซ้ำซากจำเจ และหาได้ง่ายที่สุดเท่านั้น

Por lo tanto, el costo de producción de un trabajador está restringido

ดังนั้นต้นทุนการผลิตของคนงานจึงถูกจำกัด

se restringe casi por completo a los medios de subsistencia que necesita para su manutención

มันถูกจำกัดไว้เกือบทั้งหมดในการดำรงชีพที่เขาต้องการเพื่อการบำรุงรักษาของเขา

y se restringe a los medios de subsistencia que necesita para la propagación de su raza

และมันถูกจำกัดไว้ที่วิธีการดำรงชีพที่เขาต้องการสำหรับการขยายพันธุ์เผ่าพันธุ์ของเขา

Pero el precio de una mercancía, y por lo tanto también del trabajo, es igual a su costo de producción

แต่ราคาของสินค้าโภคภัณฑ์และราคาของแรงงานก็เท่ากับต้นทุนการผลิต

Por lo tanto, a medida que aumenta la repulsividad del trabajo, disminuye el salario

ตามสัดส่วนเมื่อความน่ารังเกียจของงานเพิ่มขึ้นค่าจ้างก็ลดลง

Es más, la repulsión de su obra aumenta a un ritmo aún mayor

ไม่ ความน่ารังเกียจของงานของเขาเพิ่มขึ้นในอัตราที่มากขึ้น

A medida que aumenta el uso de maquinaria y la división del trabajo, también lo hace la carga del trabajo

เมื่อการใช้เครื่องจักรและการแบ่งงานเพิ่มขึ้นภาระของการทำงานหนักก็เพิ่มขึ้น

La carga del trabajo se incrementa con la prolongación de las horas de trabajo

ภาระของการทำงานหนักเพิ่มขึ้นจากการยืดเวลาทำงาน

Se espera más del obrero en el mismo tiempo que antes

คาดหวังมากขึ้นจากคนงานในเวลาเดียวกันกับเมื่อก่อน

Y, por supuesto, la carga del trabajo aumenta por la velocidad de la maquinaria

และแน่นอนว่าภาระของการทำงานหนักจะเพิ่มขึ้นตามความเร็วของเครื่องจักร

La industria moderna ha convertido el pequeño taller del amo patriarcal en la gran fábrica del capitalista industrial

อุตสาหกรรมสมัยใหม่ได้เปลี่ยนโรงงานเล็ก ๆ ของปรมาจารย์ปิตาธิปไตยให้กลายเป็นโรงงานที่ยิ่งใหญ่ของนายทุนอุตสาหกรรม

Las masas de obreros, hacinados en la fábrica, están organizadas como soldados

แรงงานจำนวนมากที่เบียดเสียดกันในโรงงานถูกจัดระเบียบเหมือนทหาร

Como soldados rasos del ejército industrial están bajo el mando de una jerarquía perfecta de oficiales y sargentos

ในฐานะพลทหารของกองทัพอุตสาหกรรมพวกเขาอยู่ภายใต้การบังคับบัญชาของลำดับชั้นที่สมบูรณ์แบบของเจ้าหน้าที่และจ่าสิบเอก

no sólo son esclavos de la burguesía y del Estado

พวกเขาไม่เพียงแต่เป็นทาสของชนชั้นนายทุนและรัฐเท่านั้น

pero también son esclavizados diariamente y cada hora por la máquina

แต่พวกเขายังเป็นทาสของเครื่องจักรทุกวันและรายชั่วโมง

están esclavizados por el vigilante y, sobre todo, por el propio fabricante burgués

พวกเขาตกเป็นทาสของผู้มองข้าม และเหนือสิ่งอื่นใด
โดยผู้ผลิตชนชั้นนายทุนแต่ละคนเอง

Cuanto más abiertamente proclama este despotismo que la ganancia es su fin y su fin, tanto más mezquino, más odioso y más amargo es

ยิ่งเผด็จการนี้ประกาศผลประโยชน์อย่างเปิดเผยว่าเป็นจุดจบและจุดมุ่งหมายของมัน ก็ยิ่งเล็กน้อย เกลียดชังมากขึ้น และยิ่งขมขื่นมากขึ้นเท่านั้น

Cuanto más se desarrolla la industria moderna, menores son las diferencias entre los sexos

ยิ่งอุตสาหกรรมสมัยใหม่พัฒนามากเท่าไหร่ความแตกต่างระหว่างเพศก็จะยิ่งน้อยลงเท่านั้น

Cuanto menor es la habilidad y el ejercicio de la fuerza implícitos en el trabajo manual, tanto más el trabajo de los hombres es reemplazado por el de las mujeres

ยิ่งทักษะและการออกแรงของแรงงานคนน้อยลงเท่าใดแรงงานของผู้ชายก็ยิ่งถูกแทนที่ด้วยแรงงานของผู้หญิงมากขึ้นเท่านั้น

Las diferencias de edad y sexo ya no tienen ninguna validez social distintiva para la clase obrera

ความแตกต่างของอายุและเพศไม่มีความถูกต้องทางสังคมที่โดดเด่นสำหรับชนชั้นแรงงานอีกต่อไป

Todos son instrumentos de trabajo, más o menos costosos de usar, según su edad y sexo

ทั้งหมดเป็นเครื่องมือของแรงงาน ไม่มากก็น้อยในการใช้ตามอายุและเพศ

tan pronto como el obrero recibe su salario en efectivo, es atacado por las otras partes de la burguesía

ทันทีที่คนงานได้รับค่าจ้างเป็นเงินสด เขาจะถูกกำหนดโดยส่วนอื่น ๆ ของชนชั้นนายทุน

el propietario, el tendero, el prestamista, etc

เจ้าของบ้าน เจ้าของร้าน จอมรับจำนำ ฯลฯ

Los estratos más bajos de la clase media; los pequeños comerciantes y tenderos

ชนชั้นล่างของชนชั้นกลาง คนค้าขายรายย่อยและเจ้าของร้าน

los comerciantes jubilados en general, y los artesanos y campesinos

พ่อค้าที่เกษียณอายุโดยทั่วไป และช่างฝีมือและชาวนา

todo esto se hunde poco a poco en el proletariado

ทั้งหมดนี้ค่อยๆ จมลงไปในชนชั้นกรรมาชีพ

en parte porque su minúsculo capital no basta para la escala en que se desarrolla la industria moderna

ส่วนหนึ่งเป็นเพราะทุนขนาดเล็กไม่เพียงพอสำหรับขนาดที่อุตสาหกรรมสมัยใ
หม่ดำเนินต่อไป

y porque está inundada en la competencia con los grandes capitalistas

และเพราะมันถูกท่วมทันในการแข่งขันกับนายทุนรายใหญ่

en parte porque sus habilidades especializadas se vuelven inútiles por los nuevos métodos de producción

ส่วนหนึ่งเป็นเพราะทักษะเฉพาะทางของพวกเขาไร้ค่าด้วยวิธีการผลิตแบบให
ม่

De este modo, el proletariado es reclutado entre todas las clases de la población

ดังนั้นชนชั้นกรรมาชีพจึงได้รับการคัดเลือกจากประชากรทุกชนชั้น

El proletariado pasa por varias etapas de desarrollo

ชนชั้นกรรมาชีพต้องผ่านขั้นตอนต่างๆ ของการพัฒนา

Con su nacimiento comienza su lucha con la burguesía

ด้วยการกำเนิดของมันเริ่มต้นการต่อสู้กับชนชั้นนายทุน

Al principio, la contienda es llevada a cabo por trabajadores individuales

ในตอนแรกการแข่งขันจะดำเนินการโดยแรงงานแต่ละคน

Entonces el concurso es llevado a cabo por los obreros de una fábrica

จากนั้นการประกวดจะดำเนินการโดยคนงานของโรงงาน

Entonces la contienda es llevada a cabo por los operarios de un oficio, en una localidad

จากนั้นการแข่งขันจะดำเนินการโดยผู้ปฏิบัติงานของการค้าหนึ่งในท้องถิ่น

y la contienda es entonces contra la burguesía individual que los explota directamente

และการแข่งขันจะต่อต้านชนชั้นนายทุนแต่ละคนที่เอาเปรียบพวกเขาโดยตรง

No dirigen sus ataques contra las condiciones de producción de la burguesía

พวกเขาโจมตีโดยตรงไม่ต่อต้านเงื่อนไขการผลิตของชนชั้นนายทุน

pero dirigen su ataque contra los propios instrumentos de producción

แต่พวกเขาโจมตีเครื่องมือการผลิตด้วยตัวเอง

destruyen mercancías importadas que compiten con su mano de obra

พวกเขาทำลายสินค้านำเข้าที่แข่งขันกับแรงงานของพวกเขา

Hacen pedazos la maquinaria y prenden fuego a las fábricas
พวกเขาทุบเครื่องจักรเป็นชิ้นเล็กชิ้นน้อยและจุดไฟเผาโรงงาน
tratan de restaurar por la fuerza el estado desaparecido del obrero de la Edad Media
พวกเขาพยายามฟื้นฟูสถานะที่หายไปของคนงานในยุคกลางด้วยกำลัง
En esta etapa, los obreros forman todavía una masa incoherente dispersa por todo el país
ในขั้นตอนนี้แรงงานยังคงก่อตัวเป็นมวลที่ไม่ต่อเนื่องกันกระจัดกระจายไปทั่วประเทศ
y se rompen por su mutua competencia
และพวกเขาถูกทำลายโดยการแข่งขันซึ่งกันและกัน
Si en alguna parte se unen para formar cuerpos más compactos, esto no es todavía la consecuencia de su propia unión activa
หากที่ใดก็ตามที่พวกเขารวมตัวกันเพื่อสร้างร่างกายที่กะทัดรัดมากขึ้นนี่ยังไม่เป็นผลมาจากการรวมตัวกันที่ใช้งานอยู่
pero es una consecuencia de la unión de la burguesía, para alcanzar sus propios fines políticos
แต่เป็นผลมาจากการรวมตัวกันของชนชั้นนายทุนเพื่อให้บรรลุจุดจบทางการเมืองของตนเอง
la burguesía se ve obligada a poner en movimiento a todo el proletariado
ชนชั้นนายทุนถูกบังคับให้ขับเคลื่อนชนชั้นกรรมาชีพทั้งหมด
y además, por un momento, la burguesía es capaz de hacerlo
และยิ่งไปกว่านั้นในชั่วขณะหนึ่งชนชั้นนายทุนสามารถทำได้
Por lo tanto, en esta etapa, los proletarios no luchan contra sus enemigos
ดังนั้นในขั้นตอนนี้ชนชั้นกรรมาชีพจึงไม่ต่อสู้กับศัตรูของพวกเขา
sino que están luchando contra los enemigos de sus enemigos
แต่พวกเขากลับต่อสู้กับศัตรูของศัตรู
la lucha contra los restos de la monarquía absoluta y los terratenientes
ต่อสู้กับเศษซากของระบอบสมบูรณาญาสิทธิราชย์และเจ้าของที่ดิน
luchan contra la burguesía no industrial; la pequeña burguesía
พวกเขาต่อสู้กับชนชั้นนายทุนที่ไม่ใช่อุตสาหกรรม ชนชั้นนายทุนเล็ก ๆ

De este modo, todo el movimiento histórico se concentra en manos de la burguesía

ดังนั้นการเคลื่อนไหวทางประวัติศาสตร์ทั้งหมดจึงกระจุกตัวอยู่ในมือของชนชั้นนายทุน

cada victoria así obtenida es una victoria para la burguesía

ทุกชัยชนะที่ได้รับคือชัยชนะของชนชั้นนายทุน

Pero con el desarrollo de la industria, el proletariado no sólo aumenta en número

แต่ด้วยการพัฒนาของอุตสาหกรรม Proletariat ไม่เพียงแต่เพิ่มจำนวน

el proletariado se concentra en grandes masas y su fuerza crece

ชนชั้นกรรมาชีพจะกระจุกตัวอยู่ในมวลที่มากขึ้นและความแข็งแกร่งของมันเพิ่มขึ้น

y el proletariado siente cada vez más esa fuerza

และชนชั้นกรรมาชีพรู้สึกถึงความแข็งแกร่งนั้นมากขึ้นเรื่อยๆ

Los diversos intereses y condiciones de vida en las filas del proletariado se igualan cada vez más

ผลประโยชน์และเงื่อนไขต่างๆ
ของชีวิตภายในกลุ่มชนชั้นกรรมาชีพมีความเท่าเทียมกันมากขึ้นเรื่อยๆ

se vuelven más proporcionales a medida que la maquinaria borra todas las distinciones de trabajo

พวกเขากลายเป็นสัดส่วนมากขึ้นเมื่อเครื่องจักรลบล้างความแตกต่างทั้งหมดของแรงงาน

y la maquinaria reduce los salarios al mismo nivel bajo en casi todas partes

และเครื่องจักรเกือบทุกที่ลดค่าจ้างให้อยู่ในระดับต่ำเท่าเดิม

La creciente competencia entre la burguesía, y las crisis comerciales resultantes, hacen que los salarios de los obreros sean cada vez más fluctuantes

การแข่งขันที่เพิ่มขึ้นระหว่างชนชั้นนายทุนและวิกฤตการค้าที่เกิดขึ้นทำให้ค่าจ้างของคนงานผันผวนมากขึ้น

La mejora incesante de la maquinaria, que se desarrolla cada vez más rápidamente, hace que sus medios de vida sean cada vez más precarios

การปรับปรุงเครื่องจักรอย่างไม่หยุดยั้ง ซึ่งพัฒนาอย่างรวดเร็วขึ้นเรื่อย ๆ
ทำให้การดำรงชีวิตของพวกเขาล่อแหลมมากขึ้นเรื่อยๆ

los choques entre obreros individuales y burgueses individuales toman cada vez más el carácter de choques entre dos clases

การปะทะกันระหว่างคนงานแต่ละคนและชนชั้นนายทุนแต่ละคนมีลักษณะของการปะทะกันระหว่างสองชนชั้นมากขึ้นเรื่อยๆ

A partir de ese momento, los obreros comienzan a formar uniones (sindicatos) contra la burguesía

จากนั้นคนงานก็เริ่มรวมตัวกัน (สหภาพแรงงาน) เพื่อต่อต้านชนชั้นนายทุน

se agrupan para mantener el ritmo de los salarios

พวกเขารวมตัวกันเพื่อรักษาอัตราค่าจ้าง

Fundaron asociaciones permanentes para hacer frente de antemano a estas revueltas ocasionales

พวกเขาพบสมาคมถาวรเพื่อเตรียมการล่วงหน้าสำหรับการจลาจลเป็นครั้งคราวเหล่านี้

Aquí y allá la contienda estalla en disturbios

ที่นี่และที่นั่นการแข่งขันแตกเป็นจลาจล

De vez en cuando los obreros salen victoriosos, pero sólo por un tiempo

บางครั้งคนงานได้รับชัยชนะ แต่เพียงชั่วขณะเดียว

El verdadero fruto de sus batallas no reside en el resultado inmediato, sino en la unión cada vez mayor de los trabajadores

ผลที่แท้จริงของการต่อสู้ของพวกเขาไม่ได้อยู่ที่ผลลัพธ์ในทันที แต่อยู่ในสหภาพแรงงานที่ขยายตัวขึ้นเรื่อยๆ

Esta unión se ve favorecida por la mejora de los medios de comunicación creados por la industria moderna

สหภาพแรงงานนี้ได้รับความช่วยเหลือจากวิธีการสื่อสารที่ได้รับการปรับปรุงซึ่งสร้างขึ้นโดยอุตสาหกรรมสมัยใหม่

La comunicación moderna pone en contacto a los trabajadores de diferentes localidades

การสื่อสารสมัยใหม่ทำให้คนงานในท้องถิ่นต่างๆ ติดต่อกัน

Era precisamente este contacto el que se necesitaba para centralizar las numerosas luchas locales en una lucha nacional entre clases

การติดต่อนี้เองที่จำเป็นในการรวมศูนย์การต่อสู้ในท้องถิ่นจำนวนมากให้เป็นการต่อสู้ระดับชาติระหว่างชนชั้น

Todas estas luchas tienen el mismo carácter, y toda lucha de clases es una lucha política

การต่อสู้ทั้งหมดนี้มีลักษณะเดียวกัน

และการต่อสู้ทางชนชั้นทุกครั้งเป็นการต่อสู้ทางการเมือง

los burgueses de la Edad Media, con sus miserables carreteras, necesitaron siglos para formar sus uniones

ชาวเมืองในยุคกลางที่มีทางหลวงที่น่าสังเวชต้องใช้เวลาหลายศตวรรษในการสร้างสหภาพแรงงาน

Los proletarios modernos, gracias a los ferrocarriles, logran sus sindicatos en pocos años

ชนชั้นกรรมาชีพสมัยใหม่ต้องขอบคุณการรถไฟที่บรรลุสหภาพแรงงานภายในไม่กี่ปี

Esta organización de los proletarios en una clase los formó, por consiguiente, en un partido político

การจัดระเบียบของชนชั้นกรรมาชีพให้เป็นชนชั้นจึงก่อตั้งพวกเขาให้เป็นพรรคการเมือง

La clase política se ve continuamente molesta por la competencia entre los propios trabajadores

ชนชั้นทางการเมืองกำลังถูกอารมณ์เสียอีกครั้งอย่างต่อเนื่องจากการแข่งขันระหว่างคนงานเอง

Pero la clase política sigue levantándose de nuevo, más fuerte, más firme, más poderosa

แต่ชนชั้นทางการเมืองยังคงลุกขึ้นมาอีกครั้ง แข็งแกร่งขึ้น มั่นคงขึ้น และแข็งแกร่งขึ้น

Obliga al reconocimiento legislativo de los intereses particulares de los trabajadores

บังคับให้มีการยอมรับทางกฎหมายเกี่ยวกับผลประโยชน์เฉพาะของคนงาน

lo hace aprovechándose de las divisiones en el seno de la propia burguesía

มันทำเช่นนี้โดยใช้ประโยชน์จากความแตกแยกระหว่างชนชั้นนายทุนเอง

De este modo, el proyecto de ley de las diez horas en Inglaterra se convirtió en ley

ดังนั้นร่างกฎหมายสิบชั่วโมงในอังกฤษจึงถูกนำมาใช้เป็นกฎหมาย

en muchos sentidos, las colisiones entre las clases de la vieja sociedad son, además, el curso del desarrollo del proletariado

ในหลาย ๆ
ด้านการปะทะกันระหว่างชนชั้นของสังคมเก่าเป็นแนวทางของการพัฒนาของ
ชนชั้นกรรมาชีพ

La burguesía se ve envuelta en una batalla constante
ชนชั้นนายทุนพบว่าตัวเองมีส่วนร่วมในการต่อสู้อย่างต่อเนื่อง

**Al principio se verá envuelto en una batalla constante con la
aristocracia**
ในตอนแรกมันจะพบว่าตัวเองมีส่วนร่วมในการต่อสู้อย่างต่อเนื่องกับชนชั้นสูง

**más tarde se verá envuelta en una batalla constante con esas
partes de la propia burguesía**
ต่อมาจะพบว่าตัวเองมีส่วนร่วมในการต่อสู้อย่างต่อเนื่องกับส่วนเหล่านั้นของช
นชั้นนายทุนเอง

**y sus intereses se habrán vuelto antagónicos al progreso de
la industria**
และผลประโยชน์ของพวกเขาจะกลายเป็นปฏิปักษ์ต่อความก้าวหน้าของอุตสา
หกรรม

**en todo momento, sus intereses se habrán vuelto
antagónicos con la burguesía de los países extranjeros**
ผลประโยชน์ของพวกเขาจะกลายเป็นปฏิปักษ์กับชนชั้นนายทุนของต่างประเ
ทศตลอดเวลา

**En todas estas batallas se ve obligado a apelar al proletariado
y pide su ayuda**
ในการต่อสู้ทั้งหมดนี้พวกเขาเห็นว่าตัวเองถูกบังคับให้อุทธรณ์ต่อชนชั้นกรรม
าชีพและขอความช่วยเหลือจากชนชั้นกรรมาชีพ

**y, por lo tanto, se sentirá obligado a arrastrarlo a la arena
política**
และด้วยเหตุนี้จึงรู้สึกว่าต้องลากมันเข้าสู่เวทีการเมือง

**La burguesía misma, por lo tanto, suministra al proletariado
sus propios instrumentos de educación política y general**
ชนชั้นนายทุนเองจึงจัดหาเครื่องมือการศึกษาทางการเมืองและการศึกษาทั่วไ
ปให้กับชนชั้นกรรมาชีพ

**en otras palabras, suministra al proletariado armas para
luchar contra la burguesía**
กล่าวอีกนัยหนึ่งคือจัดหาอาวุธให้กับชนชั้นกรรมาชีพเพื่อต่อสู้กับชนชั้นนาย
ทุน

**Además, como ya hemos visto, sectores enteros de las clases
dominantes se precipitan en el proletariado**

นอกจากนี้

ดังที่เราได้เห็นไปแล้วว่าชนชั้นปกครองทั้งหมดถูกตกตะกอนในชนชั้นกรรมาชีพ

el avance de la industria los absorbe en el proletariado

ความก้าวหน้าของอุตสาหกรรมดูดพวกเขาเข้าสู่ชนชั้นกรรมาชีพ

o, al menos, están amenazados en sus condiciones de existencia

หรืออย่างน้อยพวกเขาก็ถูกคุกคามในสภาพการดำรงอยู่

Estos también suministran al proletariado nuevos elementos de ilustración y progreso

สิ่งเหล่านี้ยังจัดหาองค์ประกอบใหม่ของการตรัสรู้และความก้าวหน้าให้กับชนชั้นกรรมาชีพ

Finalmente, en momentos en que la lucha de clases se acerca a la hora decisiva

ในที่สุด ในช่วงเวลาที่การต่อสู้ทางชนชั้นใกล้ถึงเวลาชี้ขาด

el proceso de disolución que se está llevando a cabo en el seno de la clase dominante

กระบวนการสลายตัวที่เกิดขึ้นภายในชนชั้นปกครอง

De hecho, la disolución que se está produciendo en el seno de la clase dominante se sentirá en toda la sociedad

ในความเป็นจริงการสลายตัวที่เกิดขึ้นภายในชนชั้นปกครองจะรู้สึกได้ภายในสังคมทั้งหมด

Tomará un carácter tan violento y deslumbrante, que un pequeño sector de la clase dominante se quedará a la deriva

มันจะมีลักษณะที่รุนแรงและชัดเจนจนส่วนเล็ก ๆ ของชนชั้นปกครองตัดตัวเองลอยไป

y esa clase dominante se unirá a la clase revolucionaria

และชนชั้นปกครองจะเข้าร่วมชนชั้นปฏิวัติ

La clase revolucionaria es la clase que tiene el futuro en sus manos

ชนชั้นปฏิวัติเป็นชนชั้นที่ถืออนาคตไว้ในมือ

Al igual que en un período anterior, una parte de la nobleza se pasó a la burguesía

เช่นเดียวกับในช่วงเวลาก่อนหน้านี้ส่วนหนึ่งของขุนนางได้ข้ามไปสู่ชนชั้นนายทุน

de la misma manera que una parte de la burguesía se pasará al proletariado

ในทำนองเดียวกันส่วนหนึ่งของชนชั้นนายทุนจะข้ามไปสู่ชนชั้นกรรมาชีพ

en particular, una parte de la burguesía pasará a una parte de los ideólogos de la burguesía

โดยเฉพาะอย่างยิ่งส่วนหนึ่งของชนชั้นนายทุนจะข้ามไปยังส่วนหนึ่งของอุดมการณ์ชนชั้นนายทุน

Ideólogos burgueses que se han elevado al nivel de comprender teóricamente el movimiento histórico en su conjunto

นักอุดมการณ์ชนชั้นกลางที่ยกระดับตัวเองให้อยู่ในระดับของการทำความเข้าใจในทางทฤษฎีการเคลื่อนไหวทางประวัติศาสตร์โดยรวม

De todas las clases que hoy se encuentran frente a frente con la burguesía, sólo el proletariado es una clase realmente revolucionaria

ในบรรดาชนชั้นทั้งหมดที่เผชิญหน้ากับชนชั้นนายทุนในปัจจุบันชนชั้นกรรมาชีพเพียงอย่างเดียวเป็นชนชั้นปฏิวัติอย่างแท้จริง

Las otras clases decaen y finalmente desaparecen frente a la industria moderna

ชนชั้นอื่น ๆ เสื่อมโทรมและหายไปในที่สุดเมื่อเผชิญกับอุตสาหกรรมสมัยใหม่

el proletariado es su producto especial y esencial

ชนชั้นกรรมาชีพเป็นผลิตภัณฑ์พิเศษและจำเป็น

La clase media baja, el pequeño fabricante, el tendero, el artesano, el campesino

ชนชั้นกลางระดับล่าง ผู้ผลิตรายย่อย เจ้าของร้าน ช่างฝีมือ ชาวนา

todos ellos luchan contra la burguesía

ทั้งหมดนี้ต่อสู้กับชนชั้นนายทุน

Luchan como fracciones de la clase media para salvarse de la extinción

พวกเขาต่อสู้ในฐานะเศษส่วนของชนชั้นกลางเพื่อช่วยตัวเองจากการสูญพันธุ์

Por lo tanto, no son revolucionarios, sino conservadores

พวกเขาจึงไม่ใช่การปฏิวัติ แต่อนุรักษ์นิยม

Más aún, son reaccionarios, porque tratan de hacer retroceder la rueda de la historia

พวกเขาเป็นปฏิกิริยาเพราะพวกเขาพยายามย้อนกลับวงล้อแห่งประวัติศาสตร์

Si por casualidad son revolucionarios, lo son sólo en vista de su inminente transferencia al proletariado

หากบังเอิญพวกเขาปฏิวัติ
พวกเขาก็เป็นเช่นนั้นก็ต่อเมื่อพิจารณาถึงการถ่ายโอนที่ใกล้เข้ามาในชนชั้นกรรมาชีพ

Por lo tanto, no defienden sus intereses presentes, sino sus intereses futuros

ดังนั้นพวกเขาจึงไม่ได้ปกป้องปัจจุบัน
แต่เป็นผลประโยชน์ในอนาคตของพวกเขา

abandonan su propio punto de vista para situarse en el del proletariado

พวกเขาละทิ้งจุดยืนของตนเองเพื่อวางตัวเองไว้ที่จุดยืนของชนชั้นกรรมาชีพ

La "clase peligrosa", la escoria social, esa masa pasivamente putrefacta arrojada por las capas más bajas de la vieja sociedad

"ชนชั้นอันตราย" ขยะทางสังคม
มวลที่เน่าเปื่อยอย่างเฉยเมยที่ถูกโยนทิ้งโดยชั้นล่างสุดของสังคมเก่า

pueden, aquí y allá, ser arrastrados al movimiento por una revolución proletaria

พวกเขาอาจถูกกวาดล้างเข้าไปในขบวนการโดยการปฏิวัติชนชั้นกรรมาชีพที่นี่

Sus condiciones de vida, sin embargo, la preparan mucho más para el papel de un instrumento sobornado de la intriga reaccionaria

อย่างไรก็ตาม
สภาพชีวิตของมันเตรียมมันให้พร้อมมากขึ้นสำหรับส่วนของเครื่องมือติดสินบนของอุบายปฏิกิริยา

En las condiciones del proletariado, los de la vieja sociedad en general están ya virtualmente desbordados

ในสภาพของชนชั้นกรรมาชีพ สังคมเก่าโดยรวมแทบจะท่วมท้นอยู่แล้ว

El proletario carece de propiedad

ชนชั้นกรรมาชีพไม่มีทรัพย์สิน

su relación con su mujer y sus hijos ya no tiene nada en común con las relaciones familiares de la burguesía

ความสัมพันธ์ของเขากับภรรยาและลูก ๆ
ของเขาไม่มีอะไรเหมือนกันกับความสัมพันธ์ในครอบครัวของชนชั้นนายทุนอีกต่อไป

el trabajo industrial moderno, el sometimiento moderno al capital, lo mismo en Inglaterra que en Francia, en Estados Unidos como en Alemania

แรงงานอุตสาหกรรมสมัยใหม่การอยู่ภายใต้ทุนสมัยใหม่ในอังกฤษเช่นเดียวกับในฝรั่งเศสในอเมริกาเช่นเดียวกับในเยอรมนี

Su condición en la sociedad lo ha despojado de todo rastro de carácter nacional

สภาพของเขาในสังคมทำให้เขาขาดร่องรอยของลักษณะประจำชาติ

El derecho, la moral, la religión, son para él otros tantos prejuicios burgueses

กฎหมาย ศีลธรรม ศาสนา เป็นอคติของชนชั้นกลางมากมายสำหรับเขา

y detrás de estos prejuicios acechan emboscados otros tantos intereses burgueses

และเบื้องหลังอคติเหล่านี้แฝงตัวอยู่ในการซุ่มโจมตีเช่นเดียวกับผลประโยชน์ของชนชั้นนายทุนจำนวนมาก

Todas las clases precedentes que se impusieron trataron de fortalecer su estatus ya adquirido

ชนชั้นก่อนหน้านี้ทั้งหมดที่ได้เปรียบพยายามเสริมสถานะที่ได้มาแล้ว

Lo hicieron sometiendo a la sociedad en general a sus condiciones de apropiación

พวกเขาทำเช่นนี้โดยให้สังคมโดยรวมอยู่ภายใต้เงื่อนไขการจัดสรรของพวกเขา

Los proletarios no pueden llegar a ser dueños de las fuerzas productivas de la sociedad

ชนชั้นกรรมาชีพไม่สามารถเป็นเจ้านายของกำลังการผลิตของสังคมได้

sólo puede hacerlo aboliendo su propio modo anterior de apropiación

สามารถทำได้โดยการยกเลิกรูปแบบการจัดสรรก่อนหน้านี้ของตนเองเท่านั้น

y, por lo tanto, también suprime cualquier otro modo anterior de apropiación

และด้วยเหตุนี้จึงยกเลิกรูปแบบการจัดสรรอื่น ๆ ก่อนหน้านี้ด้วย

No tienen nada propio que asegurar y fortificar

พวกเขาไม่มีอะไรของตัวเองที่จะรักษาความปลอดภัยและเสริมกำลัง

Su misión es destruir todos los valores y seguros anteriores de la propiedad individual

ภารกิจของพวกเขาคือการทำลายหลักทรัพย์ก่อนหน้านี้ทั้งหมดสำหรับการประกันภัยทรัพย์สินส่วนบุคคล

Todos los movimientos históricos anteriores fueron movimientos de minorías

การเคลื่อนไหวทางประวัติศาสตร์ก่อนหน้านี้ทั้งหมดเป็นการเคลื่อนไหวของชนกลุ่มน้อย

o eran movimientos en interés de las minorías

หรือเป็นการเคลื่อนไหวเพื่อผลประโยชน์ของชนกลุ่มน้อย

El movimiento proletario es el movimiento consciente e independiente de la inmensa mayoría

ขบวนการชนชั้นกรรมาชีพเป็นขบวนการที่ตระหนักในตนเองและเป็นอิสระของคนส่วนใหญ่

Y es un movimiento en interés de la inmensa mayoría

และเป็นการเคลื่อนไหวเพื่อผลประโยชน์ของคนส่วนใหญ่

El proletariado, el estrato más bajo de nuestra sociedad actual

ชนชั้นกรรมาชีพชั้นล่างสุดของสังคมปัจจุบันของเรา

no puede agitarse ni elevarse sin que todos los estratos superiores de la sociedad oficial salgan al aire

มันไม่สามารถปลุกปั่นหรือยกตัวเองขึ้นมาได้หากไม่มีชั้นผู้ดำรงตำแหน่งสูงสุดของสังคมอย่างเป็นทางการที่ผุดขึ้นสู่อากาศ

Aunque no en el fondo, sí en la forma, la lucha del proletariado con la burguesía es, al principio, una lucha nacional

แม้ว่าจะไม่ใช่สาระสำคัญ
แต่ในรูปแบบการต่อสู้ของชนชั้นกรรมาชีพกับชนชั้นนายทุนในตอนแรกเป็นการต่อสู้ระดับชาติ

El proletariado de cada país debe, por supuesto, en primer lugar arreglar las cosas con su propia burguesía

แน่นอนว่าชนชั้นกรรมาชีพของแต่ละประเทศต้องจัดการเรื่องต่างๆ กับชนชั้นนายทุนของตนเองก่อนอื่น

Al describir las fases más generales del desarrollo del proletariado, hemos trazado la guerra civil más o menos velada

ในการพรรณนาถึงขั้นตอนทั่วไปที่สุดของการพัฒนาของชนชั้นกรรมาชีพเราติดตามสงครามกลางเมืองที่ปิดบังไม่มากก็น้อย

Este civil está haciendo estragos dentro de la sociedad existente

พลเรือนนี้กำลังโหมกระหน่ำในสังคมที่มีอยู่

Se enfurecerá hasta el punto en que esa guerra estalle en una revolución abierta

มันจะดุเดือดจนถึงจุดที่สงครามนั้นปะทุขึ้นเป็นการปฏิวัติอย่างเปิดเผย

y luego el derrocamiento violento de la burguesía sienta las bases para el dominio del proletariado

จากนั้นการโค่นล้มชนชั้นนายทุนอย่างรุนแรงก็วางรากฐานสำหรับอิทธิพลของชนชั้นกรรมาชีพ

Hasta ahora, todas las formas de sociedad se han basado, como ya hemos visto, en el antagonismo de las clases opresoras y oprimidas

สังคมทุกรูปแบบมีพื้นฐานมาจากความเป็นปฏิปักษ์ของชนชั้นที่กดขี่และถูกกดขี่อย่างที่เราได้เห็นแล้ว

Pero para oprimir a una clase, hay que asegurarle ciertas condiciones

แต่เพื่อที่จะกดขี่ชนชั้นต้องมั่นใจในเงื่อนไขบางประการ

La clase debe ser mantenida en condiciones en las que pueda, por lo menos, continuar su existencia servil

ชนชั้นต้องอยู่ภายใต้เงื่อนไขที่อย่างน้อยก็สามารถดำรงอยู่แบบทาสต่อไปได้

El siervo, en el período de la servidumbre, se elevaba a la comuna

ทาสในช่วงเวลาของการเป็นทาสได้ยกตัวเองให้เป็นสมาชิกในชุมชน

del mismo modo que la pequeña burguesía, bajo el yugo del absolutismo feudal, logró convertirse en burguesía

เช่นเดียวกับชนชั้นนายทุนเล็ก ๆ

ภายใต้แอกของระบอบสมบูรณาญาสิทธิราชย์ศักดินาสามารถพัฒนาเป็นชนชั้นนายทุนได้

El obrero moderno, por el contrario, en lugar de elevarse con el progreso de la industria, se hunde cada vez más

ในทางตรงกันข้ามแรงงานสมัยใหม่แทนที่จะลุกขึ้นพร้อมกับความก้าวหน้าของอุตสาหกรรม

se hunde por debajo de las condiciones de existencia de su propia clase

เขาจมอยู่ใต้เงื่อนไขการดำรงอยู่ของชนชั้นของเขาเอง

Se convierte en un indigente, y el pauperismo se desarrolla más rápidamente que la población y la riqueza

เขากลายเป็นคนยากจน

และความยากจนพัฒนาเร็วกว่าประชากรและความมั่งคั่ง

Y aquí se hace evidente que la burguesía ya no es apta para ser la clase dominante de la sociedad

และที่นี่เห็นได้ชัดว่าชนชั้นนายทุนไม่เหมาะสมที่จะเป็นชนชั้นปกครองในสังคมอีกต่อไป

y no es apta para imponer sus condiciones de existencia a la sociedad como una ley imperativa

และไม่เหมาะสมที่จะกำหนดเงื่อนไขการดำรงอยู่ของตนต่อสังคมเป็นกฎหมายที่เหนือกว่า

Es incapaz de gobernar porque es incapaz de asegurar una existencia a su esclavo dentro de su esclavitud

มันไม่เหมาะสมที่จะปกครองเพราะมันไร้ความสามารถที่จะรับรองการดำรงอยู่ของทาสภายในความเป็นทาสของเขา

porque no puede evitar dejarlo hundirse en tal estado, que tiene que alimentarlo, en lugar de ser alimentado por él

เพราะมันอดไม่ได้ที่จะปล่อยให้เขาจมอยู่ในสภาพที่มันต้องเลี้ยงดูเขาแทนที่จะถูกเขาเลี้ยงดู

La sociedad ya no puede vivir bajo esta burguesía

สังคมไม่สามารถอยู่ภายใต้ชนชั้นนายทุนนี้ได้อีกต่อไป

En otras palabras, su existencia ya no es compatible con la sociedad

กล่าวอีกนัยหนึ่งการดำรงอยู่ของมันไม่สามารถเข้ากันได้กับสังคมอีกต่อไป

La condición esencial para la existencia y el dominio de la burguesía es la formación y el aumento del capital

เงื่อนไขสำคัญสำหรับการดำรงอยู่และอิทธิพลของชนชั้นนายทุนคือการก่อตัวและการเพิ่มทุน

La condición del capital es el trabajo asalariado

เงื่อนไขของทุนคือแรงงานค่าจ้าง

El trabajo asalariado se basa exclusivamente en la competencia entre los trabajadores

แรงงานค่าจ้างขึ้นอยู่กับการแข่งขันระหว่างแรงงานเท่านั้น

El avance de la industria, cuyo promotor involuntario es la burguesía, sustituye al aislamiento de los obreros

ความก้าวหน้าของอุตสาหกรรมซึ่งผู้สนับสนุนโดยไม่สมัครใจคือชนชั้นนายทุนเข้ามาแทนที่ความโดดเดี่ยวของแรงงาน

por la competencia, por su combinación revolucionaria, por la asociación

เนื่องจากการแข่งขัน เนื่องจากการผสมผสานที่ปฏิวัติวงการ
เนื่องจากการเชื่อมโยง

El desarrollo de la industria moderna corta bajo sus pies los cimientos mismos sobre los cuales la burguesía produce y se apropia de los productos

การพัฒนาอุตสาหกรรมสมัยใหม่ตัดรากฐานที่ชนชั้นนายทุนผลิตและจัดสรร
ผลิตภัณฑ์จากใต้เท้า

Lo que la burguesía produce, sobre todo, son sus propios sepultureros

สิ่งที่ชนชั้นนายทุนผลิตขึ้นเหนือสิ่งอื่นใดคือคนขุดหลุมฝังศพของตัวเอง

La caída de la burguesía y la victoria del proletariado son igualmente inevitables

การล่มสลายของชนชั้นนายทุนและชัยชนะของชนชั้นกรรมาชีพเป็นสิ่งที่หลีก
เลี่ยงไม่ได้ไม่แพ้กัน

Proletarios y comunistas
ชนชั้นกรรมาชีพและคอมมิวนิสต์

¿Qué relación tienen los comunistas con el conjunto de los proletarios?

คอมมิวนิสต์ยืนหยัดอย่างไรกับชนชั้นกรรมาชีพโดยรวม?

Los comunistas no forman un partido separado opuesto a otros partidos de la clase obrera

คอมมิวนิสต์ไม่ได้จัดตั้งพรรคแยกต่างหากที่ต่อต้านพรรคชนชั้นแรงงานอื่น ๆ

No tienen intereses separados y aparte de los del proletariado en su conjunto

พวกเขาไม่มีผลประโยชน์ที่แยกจากกันและแยกจากผลประโยชน์ของชนชั้นกรรมาชีพโดยรวม

No establecen ningún principio sectario propio, con el cual dar forma y moldear el movimiento proletario

พวกเขาไม่ได้กำหนดหลักการนิกายใด ๆ ของตนเองเพื่อกำหนดและหล่อหลอมขบวนการชนชั้นกรรมาชีพ

Los comunistas se distinguen de los demás partidos obreros sólo por dos cosas

คอมมิวนิสต์แตกต่างจากพรรคชนชั้นแรงงานอื่น ๆ ด้วยสองสิ่งเท่านั้น

En primer lugar, señalan y ponen en primer plano los intereses comunes de todo el proletariado, independientemente de toda nacionalidad

ประการแรก

พวกเขาชี้ให้เห็นและนำผลประโยชน์ร่วมกันของชนชั้นกรรมาชีพทั้งหมดมาสู่แนวหน้า โดยไม่ขึ้นกับทุกสัญชาติ

Esto lo hacen en las luchas nacionales de los proletarios de los diferentes países

สิ่งนี้พวกเขาทำในการต่อสู้ระดับชาติของชนชั้นกรรมาชีพของประเทศต่างๆ

En segundo lugar, siempre y en todas partes representan los intereses del movimiento en su conjunto

ประการที่สอง

พวกเขาเป็นตัวแทนของผลประโยชน์ของขบวนการโดยรวมเสมอและทุกที่

esto lo hacen en las diversas etapas de desarrollo por las que tiene que pasar la lucha de la clase obrera contra la burguesía

สิ่งนี้พวกเขาทำในขั้นตอนต่างๆ ของการพัฒนา

ซึ่งการต่อสู้ของชนชั้นแรงงานต่อต้านชนชั้นนายทุนต้องผ่านไป

Los comunistas son, por lo tanto, por una parte,
prácticamente, el sector más avanzado y resuelto de los
partidos obreros de todos los países

ดังนั้นคอมมิวนิสต์จึงเป็นส่วนที่ก้าวหน้าและเด็ดเดี่ยวที่สุดของพรรคชนชั้นแรง
งานของทุกประเทศ

Son ese sector de la clase obrera que empuja hacia adelante a
todos los demás

พวกเขาเป็นส่วนหนึ่งของชนชั้นแรงงานที่ผลักดันให้คนอื่น ๆ ก้าวไปข้างหน้า

Teóricamente, también tienen la ventaja de entender
claramente la línea de marcha

ในทางทฤษฎีพวกเขายังมีข้อได้เปรียบในการเข้าใจแนวการเดินขบวนอย่างช
ัดเจน

Esto lo comprenden mejor comparado con la gran masa del
proletariado

สิ่งนี้พวกเขาเข้าใจได้ดีกว่าเมื่อเทียบกับมวลชนชั้นกรรมาชีพที่ยิ่งใหญ่

Comprenden las condiciones y los resultados generales
finales del movimiento proletario

พวกเขาเข้าใจเงื่อนไขและผลลัพธ์ทั่วไปสูงสุดของขบวนการชนชั้นกรรมาชีพ

El objetivo inmediato del comunista es el mismo que el de
todos los demás partidos proletarios

เป้าหมายเฉพาะหน้าของคอมมิวนิสต์เหมือนกับพรรคกรรมาชีพอื่น ๆ ทั้งหมด

Su objetivo es la formación del proletariado en una clase

จุดมุ่งหมายของพวกเขาคือการก่อตัวของชนชั้นกรรมาชีพให้เป็นชนชั้น

su objetivo es derrocar la supremacía burguesa

พวกเขาตั้งเป้าที่จะโค่นล้มอำนาจสูงสุดของชนชั้นนายทุน

la lucha por la conquista del poder político por el
proletariado

ความพยายามเพื่อพิชิตอำนาจทางการเมืองโดยชนชั้นกรรมาชีพ

Las conclusiones teóricas de los comunistas no se basan en
modo alguno en ideas o principios de reformadores

ข้อสรุปทางทฤษฎีของคอมมิวนิสต์ไม่ได้อยู่บนพื้นฐานของแนวคิดหรือหลักกา
รของนักปฏิรูป

no fueron los aspirantes a reformadores universales los que
inventaron o descubrieron las conclusiones teóricas de los
comunistas

ไม่ใช่นักปฏิรูปสากลที่คิดค้นหรือค้นพบข้อสรุปทางทฤษฎีของคอมมิวนิสต์

Se limitan a expresar, en términos generales, las relaciones reales que surgen de una lucha de clases existente

พวกเขาเพียงแสดงความสัมพันธ์ที่แท้จริงที่เกิดขึ้นจากการต่อสู้ทางชนชั้นที่มีอยู่ในแง่ทั่วไป

Y describen el movimiento histórico que está ocurriendo ante nuestros propios ojos y que ha creado esta lucha de clases

และพวกเขาอธิบายถึงการเคลื่อนไหวทางประวัติศาสตร์ที่เกิดขึ้นภายใต้สายตาของเราที่สร้างการต่อสู้ทางชนชั้นนี้

La abolición de las relaciones de propiedad existentes no es en absoluto un rasgo distintivo del comunismo

การยกเลิกความสัมพันธ์ด้านทรัพย์สินที่มีอยู่ไม่ใช่ลักษณะเด่นของลัทธิคอมมิวนิสต์เลย

Todas las relaciones de propiedad en el pasado han estado continuamente sujetas a cambios históricos

ความสัมพันธ์ด้านทรัพย์สินทั้งหมดในอดีตมีการเปลี่ยนแปลงทางประวัติศาสตร์อย่างต่อเนื่อง

y estos cambios fueron consecuencia del cambio en las condiciones históricas

และการเปลี่ยนแปลงเหล่านี้เป็นผลมาจากการเปลี่ยนแปลงของสภาพทางประวัติศาสตร์

La Revolución Francesa, por ejemplo, abolió la propiedad feudal en favor de la propiedad burguesa

ตัวอย่างเช่น การปฏิวัติฝรั่งเศส
ได้ยกเลิกทรัพย์สินของศักดินาเพื่อสนับสนุนทรัพย์สินของชนชั้นนายทุน

El rasgo distintivo del comunismo no es la abolición de la propiedad, en general

ลักษณะเด่นของลัทธิคอมมิวนิสต์ไม่ใช่การยกเลิกทรัพย์สินโดยทั่วไป

pero el rasgo distintivo del comunismo es la abolición de la propiedad burguesa

แต่ลักษณะเด่นของลัทธิคอมมิวนิสต์คือการยกเลิกทรัพย์สินของชนชั้นนายทุน

Pero la propiedad privada de la burguesía moderna es la expresión última y más completa del sistema de producción y apropiación de productos

แต่ทรัพย์สินส่วนตัวของชนชั้นนายทุนสมัยใหม่เป็นการแสดงออกขั้นสุดท้ายแ
ละสมบูรณ์ที่สุดของระบบการผลิตและการจัดสรรผลิตภัณฑ์

Es el estado final de un sistema que se basa en los antagonismos de clase, donde el antagonismo de clase es la explotación de la mayoría por unos pocos

มันเป็นสถานะสุดท้ายของระบบที่มีพื้นฐานมาจากความเป็นปฏิปักษ์ทางชนชั้
น

ซึ่งความเป็นปฏิปักษ์ทางชนชั้นคือการเอารัดเอาเปรียบคนจำนวนมากโดยคน
ไม่กี่คน

En este sentido, la teoría de los comunistas puede resumirse en una sola frase; la abolición de la propiedad privada

ในแง่นี้ทฤษฎีของคอมมิวนิสต์อาจสรุปได้ในประโยคเดียว
การยกเลิกทรัพย์สินส่วนตัว

A los comunistas se nos ha reprochado el deseo de abolir el derecho de adquirir personalmente la propiedad

พวกเราคอมมิวนิสต์ถูกตำหนิด้วยความปรารถนาที่จะยกเลิกสิทธิในการได้มา
ซึ่งทรัพย์สินส่วนตัว

Se afirma que esta propiedad es el fruto del propio trabajo de un hombre

มีการอ้างว่าทรัพย์สินนี้เป็นผลจากแรงงานของมนุษย์เอง

y se alega que esta propiedad es la base de toda libertad, actividad e independencia personal.

และทรัพย์สินนี้ถูกกล่าวหาว่าเป็นรากฐานของเสรีภาพส่วนบุคคลกิจกรรมและ
ความเป็นอิสระทั้งหมด

"¡Propiedad ganada con esfuerzo, adquirida por uno mismo, ganada por uno mismo!"

"ทรัพย์สินที่ได้มาอย่างยากลำบาก ได้มาเอง และหามาเอง!"

¿Te refieres a la propiedad del pequeño artesano y del pequeño campesino?

คุณหมายถึงทรัพย์สินของช่างฝีมือตัวเล็กและของชาวนาตัวเล็กหรือไม่?

¿Te refieres a una forma de propiedad que precedió a la forma burguesa?

คุณหมายถึงรูปแบบของทรัพย์สินที่นำหน้ารูปแบบชนชั้นนายทุนหรือไม่?

No hay necesidad de abolir eso, el desarrollo de la industria ya lo ha destruido en gran medida

ไม่จำเป็นต้องยกเลิกว่าการพัฒนาอุตสาหกรรมได้ทำลายมันไปแล้วในระดับม
าก

y el desarrollo de la industria sigue destruyéndola diariamente

และการพัฒนาอุตสาหกรรมยังคงทำลายมันทุกวัน

¿O te refieres a la propiedad privada de la burguesía moderna?

หรือคุณหมายถึงทรัพย์สินส่วนตัวของชนชั้นกลางสมัยใหม่?

Pero, ¿crea el trabajo asalariado alguna propiedad para el trabajador?

แต่แรงงานค่าจ้างสร้างทรัพย์สินให้กับคนงานหรือไม่?

¡No, el trabajo asalariado no crea ni una pizca de este tipo de propiedad!

ไม่ แรงงานค่าจ้างไม่ได้สร้างทรัพย์สินประเภทนี้แม้แต่นิดเดียว!

Lo que sí crea el trabajo asalariado es capital; ese tipo de propiedad que explota el trabajo asalariado

สิ่งที่แรงงานค่าจ้างสร้างขึ้นคือทุน
ทรัพย์สินประเภทที่เอารัดเอาเปรียบแรงงานค่าจ้าง

El capital no puede aumentar sino a condición de engendrar una nueva oferta de trabajo asalariado para una nueva explotación

ทุนไม่สามารถเพิ่มได้เว้นแต่มีเงื่อนไขในการจัดหาแรงงานค่าจ้างใหม่เพื่อการแสวงหาประโยชน์ใหม่

La propiedad, en su forma actual, se basa en el antagonismo entre el capital y el trabajo asalariado

ทรัพย์สินในรูปแบบปัจจุบันมีพื้นฐานมาจากความเป็นปฏิปักษ์ของทุนและแรงงานค่าจ้าง

Examinemos los dos lados de este antagonismo

ให้เราตรวจสอบทั้งสองด้านของความเป็นปฏิปักษ์นี้

Ser capitalista es tener no sólo un estatus puramente personal

การเป็นนายทุนไม่ใช่แค่สถานะส่วนตัวเท่านั้น

En cambio, ser capitalista es también tener un estatus social en la producción

การเป็นนายทุนก็คือการมีสถานะทางสังคมในการผลิตด้วย

porque el capital es un producto colectivo; Sólo mediante la acción unida de muchos miembros puede ponerse en marcha

เพราะทุนเป็นผลิตภัณฑ์ส่วนรวม

โดยการกระทำที่เป็นเอกภาพของสมาชิกหลายคนเท่านั้นที่สามารถเริ่มดำเนินการได้

Pero esta acción unida es el último recurso, y en realidad requiere de todos los miembros de la sociedad

แต่การกระทำที่เป็นหนึ่งเดียวนี้เป็นทางเลือกสุดท้าย และจริงๆ แล้วต้องการสมาชิกทุกคนในสังคม

El capital se convierte en propiedad de todos los miembros de la sociedad

ทุนถูกแปลงเป็นทรัพย์สินของสมาชิกทุกคนในสังคม

pero el Capital no es, por lo tanto, un poder personal; Es un poder social

แต่ทุนจึงไม่ใช่อำนาจส่วนบุคคล มันเป็นอำนาจทางสังคม

Así, cuando el capital se convierte en propiedad social, la propiedad personal no se transforma en propiedad social

ดังนั้นเมื่อทุนถูกแปลงเป็นทรัพย์สินทางสังคมทรัพย์สินส่วนบุคคลจึงไม่ถูกเปลี่ยนเป็นทรัพย์สินทางสังคม

Lo único que cambia es el carácter social de la propiedad y pierde su carácter de clase

มันเป็นเพียงลักษณะทางสังคมของทรัพย์สินที่เปลี่ยนไปและสูญเสียลักษณะทางชนชั้น

Veamos ahora el trabajo asalariado

ตอนนี้ให้เราดูแรงงานค่าจ้าง

El precio medio del trabajo asalariado es el salario mínimo, es decir, la cantidad de medios de subsistencia

ราคาเฉลี่ยของค่าจ้างแรงงานคือค่าจ้างขั้นต่ำ กล่าวคือ ควอนตัมของวิธีการยังชีพ

Este salario es absolutamente necesario en la mera existencia de un obrero

ค่าจ้างนี้เป็นสิ่งจำเป็นอย่างยิ่งในการดำรงอยู่เปลือยเปล่าในฐานะแรงงาน

Por lo tanto, lo que el asalariado se apropia por medio de su trabajo, sólo basta para prolongar y reproducir una existencia desnuda

ดังนั้นสิ่งที่แรงงานรับจ้างจัดสรรโดยใช้แรงงานของเขาก็เพียงพอที่จะยึดเยื้อและทำซ้ำการดำรงอยู่ที่เปลือยเปล่า

De ninguna manera pretendemos abolir esta apropiación personal de los productos del trabajo

เราไม่ได้ตั้งใจที่จะยกเลิกการจัดสรรผลิตภัณฑ์แรงงานส่วนบุคคลนี้

una apropiación que se hace para el mantenimiento y la reproducción de la vida humana

การจัดสรรที่ทำขึ้นเพื่อการบำรุงรักษาและสืบพันธุ์ชีวิตมนุษย์

Tal apropiación personal de los productos del trabajo no deja ningún excedente con el que ordenar el trabajo de otros

การจัดสรรผลผลิตแรงงานเป็นการส่วนตัวดังกล่าวไม่ทิ้งส่วนเกินที่จะสั่งการแรงงานของผู้อื่น

Lo único que queremos eliminar es el carácter miserable de esta apropiación

สิ่งที่เราต้องการกำจัดคือลักษณะที่น่าสังเวชของการจัดสรรนี้

la apropiación bajo la cual vive el obrero sólo para aumentar el capital

การจัดสรรที่แรงงานอาศัยอยู่เพียงเพื่อเพิ่มทุน

Sólo se le permite vivir en la medida en que lo exija el interés de la clase dominante

เขาได้รับอนุญาตให้มีชีวิตอยู่ตราบเท่าที่ผลประโยชน์ของชนชั้นปกครองต้องการเท่านั้น

En la sociedad burguesa, el trabajo vivo no es más que un medio para aumentar el trabajo acumulado

ในสังคมชนชั้นกลางแรงงานที่มีชีวิตเป็นเพียงวิธีการเพิ่มแรงงานสะสม

En la sociedad comunista, el trabajo acumulado no es más que un medio para ampliar, para enriquecer y para promover la existencia del obrero

ในสังคมคอมมิวนิสต์แรงงานที่สะสมเป็นเพียงวิธีการขยายความร่ำรวยเพื่อส่งเสริมการดำรงอยู่ของแรงงาน

En la sociedad burguesa, por lo tanto, el pasado domina al presente

ในสังคมชนชั้นนายทุนจึงมีอำนาจเหนือปัจจุบัน

en la sociedad comunista el presente domina al pasado

ในสังคมคอมมิวนิสต์ปัจจุบันครอบงำอดีต

En la sociedad burguesa el capital es independiente y tiene individualidad

ในสังคมชนชั้นนายทุนเป็นอิสระและมีความเป็นปัจเจกบุคคล

En la sociedad burguesa la persona viva es dependiente y no tiene individualidad

ในสังคมชนชั้นนายทุน

บุคคลที่มีชีวิตอยู่นั้นขึ้นอยู่กับและไม่มีความเป็นปัจเจกบุคคล

¡Y la abolición de este estado de cosas es llamada por la burguesía, abolición de la individualidad y de la libertad!

และการยกเลิกสภาวะของสิ่งต่าง ๆ

นี้ถูกเรียกโดยชนชั้นนายทุนว่าการยกเลิกความเป็นปัจเจกบุคคลและเสรีภาพ!

¡Y con razón se llama la abolición de la individualidad y de la libertad!

และมันถูกเรียกว่าการยกเลิกความเป็นปัจเจกบุคคลและเสรีภาพ!

El comunismo aspira a la abolición de la individualidad burguesa

ลัทธิคอมมิวนิสต์มีจุดมุ่งหมายเพื่อการยกเลิกความเป็นปัจเจกบุคคลของชนชั้นนายทุน

El comunismo pretende la abolición de la independencia burguesa

ลัทธิคอมมิวนิสต์ตั้งใจที่จะยกเลิกเอกราชของชนชั้นนายทุน

La libertad burguesa es, sin duda, a lo que aspira el comunismo

เสรีภาพของชนชั้นกลางเป็นสิ่งที่คอมมิวนิสต์มุ่งเป้าไปที่อย่างไม่ต้องสงสัย

en las actuales condiciones de producción de la burguesía, la libertad significa libre comercio, libre venta y compra

ภายใต้เงื่อนไขการผลิตของชนชั้นนายทุนในปัจจุบันเสรีภาพหมายถึงการค้าเสรีการขายและการซื้อเสรี

Pero si desaparece la venta y la compra, también desaparece la libre venta y la compra

แต่ถ้าขายและซื้อหายไป

Las "palabras valientes" de la burguesía sobre la libre venta y compra sólo tienen sentido en un sentido limitado

"คำพูดที่กล้าหาญ"

ของชนชั้นนายทุนเกี่ยวกับการขายและการซื้อฟรีมีความหมายในความหมายที่จำกัดเท่านั้น

Estas palabras tienen significado solo en contraste con la venta y la compra restringidas

คำเหล่านี้มีความหมายตรงกันข้ามกับการขายและการซื้อแบบจำกัดเท่านั้น

y estas palabras sólo tienen sentido cuando se aplican a los comerciantes encadenados de la Edad Media

และคำเหล่านี้มีความหมายก็ต่อเมื่อนำไปใช้กับพ่อค้าที่ถูกผูกมัดในยุคกลาง

y eso supone que estas palabras incluso tienen un significado en un sentido burgués

และถือว่าคำเหล่านี้มีความหมายในแง่ของชนชั้นนายทุน

pero estas palabras no tienen ningún significado cuando se usan para oponerse a la abolición comunista de la compra y venta

แต่คำเหล่านี้ไม่มีความหมายเมื่อถูกใช้เพื่อต่อต้านการยกเลิกการซื้อและขายของคอมมิวนิสต์

las palabras no tienen sentido cuando se usan para oponerse a la abolición de las condiciones de producción de la burguesía

คำนี้ไม่มีความหมายเมื่อถูกใช้เพื่อต่อต้านเงื่อนไขการผลิตของชนชั้นนายทุนที่ถูกยกเลิก

y no tienen ningún sentido cuando se utilizan para oponerse a la abolición de la propia burguesía

และพวกเขาไม่มีความหมายเมื่อถูกใช้เพื่อต่อต้านการยกเลิกชนชั้นนายทุนเอง

Ustedes están horrorizados de nuestra intención de acabar con la propiedad privada

คุณตกใจที่ความตั้งใจของเราที่จะกำจัดทรัพย์สินส่วนตัว

Pero en la sociedad actual, la propiedad privada ya ha sido eliminada para las nueve décimas partes de la población

ทรัพย์สินส่วนตัวถูกกำจัดไปแล้วสำหรับเก้าในสิบของประชากร

La existencia de la propiedad privada para unos pocos se debe únicamente a su inexistencia en manos de las nueve décimas partes de la población

การดำรงอยู่ของทรัพย์สินส่วนตัวสำหรับคนไม่กี่คนนั้นเกิดจากการไม่มีอยู่ในมือของประชากรเก้าในสิบ

Por lo tanto, nos reprochas que pretendamos acabar con una forma de propiedad

ดังนั้นท่านจึงตำหนิเราด้วยเจตนาที่จะกำจัดทรัพย์สินรูปแบบหนึ่ง

Pero la propiedad privada requiere la inexistencia de propiedad alguna para la inmensa mayoría de la sociedad

แต่ทรัพย์สินส่วนตัวจำเป็นต้องมีทรัพย์สินใด ๆ สำหรับสังคมส่วนใหญ่

En una palabra, nos reprochas que pretendamos acabar con tu propiedad

พูดได้คำเดียวคุณตำหนิเราว่าตั้งใจจะกำจัดทรัพย์สินของคุณ

Y es precisamente así; prescindir de su propiedad es justo lo que pretendemos

และมันเป็นอย่างนั้น การกำจัดทรัพย์สินของคุณเป็นเพียงสิ่งที่เราตั้งใจไว้

Desde el momento en que el trabajo ya no puede convertirse en capital, dinero o renta

ตั้งแต่ช่วงเวลาที่แรงงานไม่สามารถเปลี่ยนเป็นทุน เงิน หรือค่าเช่าได้อีกต่อไป

cuando el trabajo ya no puede convertirse en un poder social capaz de ser monopolizado

เมื่อแรงงานไม่สามารถเปลี่ยนเป็นอำนาจทางสังคมที่สามารถผูกขาดได้อีกต่อไป

desde el momento en que la propiedad individual ya no puede transformarse en propiedad burguesa

จากช่วงเวลาที่ทรัพย์สินส่วนบุคคลไม่สามารถเปลี่ยนเป็นทรัพย์สินของชนชั้นกลางได้อีกต่อไป

desde el momento en que la propiedad individual ya no puede transformarse en capital

ตั้งแต่ช่วงเวลาที่ทรัพย์สินส่วนบุคคลไม่สามารถเปลี่ยนเป็นทุนได้อีกต่อไป

A partir de ese momento, dices que la individualidad se desvanece

จากช่วงเวลานั้น คุณบอกว่าความเป็นปัจเจกบุคคลหายไป

Debéis confesar, pues, que por "individuo" no os referimos a otra persona que a la burguesía

ดังนั้นคุณต้องสารภาพว่าคำว่า "ปัจเจกบุคคล"
คุณไม่ได้หมายถึงบุคคลอื่นนอกจากชนชั้นนายทุน

Debes confesar que se refiere específicamente al propietario de una propiedad de clase media

คุณต้องสารภาพว่ามันหมายถึงเจ้าของทรัพย์สินชนชั้นกลางโดยเฉพาะ

Esta persona debe, en verdad, ser barrida del camino, y hecha imposible

บุคคลนี้ต้องถูกกวาดล้างให้พ้นทางและทำให้เป็นไปไม่ได้

El comunismo no priva a ningún hombre del poder de apropiarse de los productos de la sociedad

ลัทธิคอมมิวนิสต์ไม่กีดกันอำนาจในการยึดครองผลิตภัณฑ์ของสังคม

todo lo que hace el comunismo es privarlo del poder de subyugar el trabajo de otros por medio de tal apropiación

ทั้งหมดที่ลัทธิคอมมิวนิสต์ทำคือการกีดกันอำนาจของเขาในการปราบปรามแ
รงงานของผู้อื่นด้วยการจัดสรรดังกล่าว

Se ha objetado que, tras la abolición de la propiedad
privada, cesará todo trabajo

มีการคัดค้านว่าเมื่อมีการยกเลิกทรัพย์สินส่วนตัวงานทั้งหมดจะหยุดลง

y entonces se sugiere que la pereza universal se apoderará de
nosotros

และจากนั้นก็แนะนำว่าความเกียจคร้านสากลจะครอบงำเรา

De acuerdo con esto, la sociedad burguesa debería haber ido
hace mucho tiempo a los perros por pura ociosidad

ด้วยเหตุนี้สังคมชนชั้นกลางควรจะไปหาสุนัขด้วยความเกียจคร้านอย่างแท้จริ
งเมื่อนานมาแล้ว

porque los de sus miembros que trabajan, no adquieren
nada

เพราะสมาชิกที่ทำงานไม่ได้รับอะไรเลย

y los de sus miembros que adquieren algo, no trabajan

และสมาชิกที่ได้มาอย่างใดก็ไม่ทำงาน

Toda esta objeción no es más que otra expresión de la
tautología

การคัดค้านทั้งหมดนี้เป็นเพียงการแสดงออกอีกอย่างหนึ่งของคำพูด

Ya no puede haber trabajo asalariado cuando ya no hay
capital

จะไม่มีแรงงานค่าจ้างอีกต่อไปเมื่อไม่มีทุนอีกต่อไป

No hay diferencia entre los productos materiales y los
productos mentales

ไม่มีความแตกต่างระหว่างผลิตภัณฑ์วัสดุและผลิตภัณฑ์ทางจิต

El comunismo propone que ambos se producen de la misma
manera

ลัทธิคอมมิวนิสต์เสนอทั้งสองสิ่งนี้ผลิตขึ้นในลักษณะเดียวกัน

pero las objeciones contra los modos comunistas de
producirlos son las mismas

แต่การคัดค้านรูปแบบคอมมิวนิสต์ในการผลิตสิ่งเหล่านี้ก็เหมือนกัน

para la burguesía, la desaparición de la propiedad de clase es
la desaparición de la producción misma

สำหรับชนชั้นนายทุนการหายไปของทรัพย์สินทางชนชั้นคือการหายไปของก
ารผลิตเอง

De modo que la desaparición de la cultura de clase es para él idéntica a la desaparición de toda cultura

ดังนั้นการหายไปของวัฒนธรรมชนชั้นจึงเหมือนกับการหายไปของวัฒนธรรมทั้งหมด

Esa cultura, cuya pérdida lamenta, es para la inmensa mayoría un mero entrenamiento para actuar como una máquina

วัฒนธรรมนั้นการสูญเสียที่เขาคร่ำครวญสำหรับคนส่วนใหญ่เป็นเพียงการฝึกฝนให้ทำหน้าที่เป็นเครื่องจักร

Los comunistas tienen la firme intención de abolir la cultura de la propiedad burguesa

คอมมิวนิสต์ตั้งใจที่จะยกเลิกวัฒนธรรมของทรัพย์สินของชนชั้นนายทุน

Pero no discutan con nosotros mientras apliquen el estándar de sus nociones burguesas de libertad, cultura, ley, etc

แต่อย่าทะเลาะกับเราตราบใดที่คุณใช้มาตรฐานของแนวคิดของชนชั้นนายทุนของคุณเกี่ยวกับเสรีภาพ วัฒนธรรม กฎหมาย ฯลฯ

Vuestras mismas ideas no son más que el resultado de las condiciones de la producción burguesa y de la propiedad burguesa

ความคิดของคุณเป็นเพียงผลพวงของเงื่อนไขการผลิตชนชั้นนายทุนและทรัพย์สินของชนชั้นนายทุนของคุณ

del mismo modo que vuestra jurisprudencia no es más que la voluntad de vuestra clase convertida en ley para todos

เช่นเดียวกับนิติศาสตร์ของคุณเป็นเพียงเจตจำนงของชนชั้นของคุณที่สร้างเป็นกฎหมายสำหรับทุกคน

El carácter esencial y la dirección de esta voluntad están determinados por las condiciones económicas que crea su clase social

ลักษณะและทิศทางที่สำคัญของสิ่งนี้จะถูกกำหนดโดยสภาพเศรษฐกิจที่ชนชั้นทางสังคมของคุณสร้างขึ้น

El concepto erróneo egoísta que te induce a transformar las formas sociales en leyes eternas de la naturaleza y de la razón

ความเข้าใจผิดที่เห็นแก่ตัวที่ชักจูงให้คุณเปลี่ยนรูปแบบทางสังคมให้เป็นกฎนิรันดร์ของธรรมชาติและเหตุผล

las formas sociales que brotan de vuestro actual modo de producción y de vuestra forma de propiedad

รูปแบบทางสังคมที่ผุดขึ้นจากรูปแบบการผลิตและรูปแบบของทรัพย์สินในปัจจุบันของคุณ

relaciones históricas que surgen y desaparecen en el progreso de la producción

ความสัมพันธ์ทางประวัติศาสตร์ที่เพิ่มขึ้นและหายไปในความก้าวหน้าของการผลิต

Este concepto erróneo lo compartes con todas las clases dominantes que te han precedido

ความเข้าใจผิดนี้ที่คุณแบ่งปันกับชนชั้นปกครองทุกคนที่มาก่อนหน้าคุณ

Lo que se ve claramente en el caso de la propiedad antigua, lo que se admite en el caso de la propiedad feudal

สิ่งที่คุณเห็นอย่างชัดเจนในกรณีของทรัพย์สินโบราณสิ่งที่คุณยอมรับในกรณีของทรัพย์สินศักดินา

estas cosas, por supuesto, le está prohibido admitir en el caso de su propia forma burguesa de propiedad

แน่นอนว่าสิ่งเหล่านี้คุณถูกห้ามไม่ให้ยอมรับในกรณีของทรัพย์สินรูปแบบชนชั้นนายทุนของคุณเอง

¡Abolición de la familia! Hasta los más radicales estallan ante esta infame propuesta de los comunistas

การเลิกครอบครัว!

แม้แต่ความรุนแรงที่สุดก็ลุกเป็นไฟกับข้อเสนอที่น่าอับอายของคอมมิวนิสต์

¿Sobre qué base se asienta la familia actual, la familia Bourgeoisie?

ครอบครัวปัจจุบันครอบครัวชนชั้นกลางตั้งอยู่บนรากฐานอะไร?

La base de la familia actual se basa en el capital y la ganancia privada

รากฐานของครอบครัวปัจจุบันขึ้นอยู่กับเงินทุนและผลประโยชน์ส่วนตัว

En su forma completamente desarrollada, esta familia sólo existe entre la burguesía

ในรูปแบบที่พัฒนาอย่างสมบูรณ์ตระกูลนี้มีอยู่เฉพาะในหมู่ชนชั้นนายทุนเท่านั้น

Este estado de cosas encuentra su complemento en la ausencia práctica de la familia entre los proletarios

สภาวะของสิ่งต่าง ๆ

นี้พบส่วนเสริมในการขาดครอบครัวในทางปฏิบัติในหมู่ชนชั้นกรรมาชีพ

Este estado de cosas se puede encontrar en la prostitución pública

สภาพของสิ่งต่าง ๆ นี้สามารถพบได้ในการค้าประเวณีในที่สาธารณะ

La familia Bourgeoisie se desvanecerá como algo natural cuando su complemento se desvanezca

ตระกูลชนชั้นกลางจะหายไปอย่างแน่นอนเมื่อส่วนเสริมของมันหายไป

y ambos se desvanecerán con la desaparición del capital

และทั้งสองนี้จะหายไปพร้อมกับการหายไปของทุน

¿Nos acusan de querer detener la explotación de los niños por parte de sus padres?

คุณกล่าวหาเราว่าต้องการหยุดการแสวงหาประโยชน์จากเด็กโดยพ่อแม่ของพวกเขาหรือไม่?

De este crimen nos declaramos culpables

เราสารภาพว่ามีความผิด

Pero, dirás, destruimos la más sagrada de las relaciones, cuando reemplazamos la educación en el hogar por la educación social

แต่คุณจะบอกว่าเราทำลายความสัมพันธ์ที่ศักดิ์สิทธิ์ที่สุดเมื่อเราแทนที่การศึกษาที่บ้านด้วยสังคมศึกษา

¿No es también social su educación? ¿Y no está determinado por las condiciones sociales en las que se educa?

การศึกษาของคุณไม่ได้สังคมด้วยหรือ?

และมันไม่ได้ถูกกำหนดโดยสภาพสังคมที่คุณให้การศึกษาหรือ?

por la intervención, directa o indirecta, de la sociedad, por medio de las escuelas, etc.

โดยการแทรกแซงไม่ว่าทางตรงหรือทางอ้อมของสังคมโดยโรงเรียน ฯลฯ

Los comunistas no han inventado la intervención de la sociedad en la educación

คอมมิวนิสต์ไม่ได้คิดค้นการแทรกแซงของสังคมในการศึกษา

lo único que pretenden es alterar el carácter de esa intervención

พวกเขาทำแต่พยายามเปลี่ยนลักษณะของการแทรกแซงนั้น

y buscan rescatar la educación de la influencia de la clase dominante

และพวกเขาพยายามช่วยเหลือการศึกษาจากอิทธิพลของชนชั้นปกครอง

La burguesía habla de la sagrada correlación entre padres e hijos

ชนชั้นนายทุนพูดถึงความสัมพันธ์อันศักดิ์สิทธิ์ของพ่อแม่และลูก

pero esta trampa sobre la familia y la educación se vuelve aún más repugnante cuando miramos a la industria moderna

แต่กับดักปรบมือเกี่ยวกับครอบครัวและการศึกษานี้น่าขยะแขยงมากขึ้นเมื่อเรามองไปที่อุตสาหกรรมสมัยใหม่

Todos los lazos familiares entre los proletarios son desgarrados por la industria moderna

ความสัมพันธ์ในครอบครัวทั้งหมดในหมู่ชนชั้นกรรมาชีพถูกฉีกขาดโดยอุตสาหกรรมสมัยใหม่

Sus hijos se transforman en simples artículos de comercio e instrumentos de trabajo

ลูก ๆ ของพวกเขาถูกเปลี่ยนเป็นสินค้าพาณิชย์และเครื่องมือแรงงานธรรมดา

Pero vosotros, los comunistas, creáis una comunidad de mujeres, grita a coro toda la burguesía

แต่พวกคุณคอมมิวนิสต์จะสร้างชุมชนของผู้หญิง
กรีดร้องชนชั้นนายทุนทั้งหมดเป็นเสียงประสานเสียง

La burguesía ve en su mujer un mero instrumento de producción

ชนชั้นนายทุนมองว่าภรรยาของเขาเป็นเพียงเครื่องมือในการผลิต

Oye que los instrumentos de producción deben ser explotados por todos

เขาได้ยินว่าเครื่องมือในการผลิตจะถูกเอารัดเอาเปรียบโดยทุกคน

Y, naturalmente, no puede llegar a otra conclusión que la de que la suerte de ser común a todos recaerá igualmente en las mujeres

และโดยธรรมชาติแล้วเขาไม่สามารถสรุปได้อื่นใดนอกจากว่าการเป็นธรรมดาของทุกคนจะตกอยู่กับผู้หญิงเช่นเดียวกัน

Ni siquiera sospecha que el verdadero objetivo es acabar con la condición de la mujer como meros instrumentos de producción

เขาไม่สงสัยด้วยซ้ำว่าประเด็นที่แท้จริงคือการกำจัดสถานะของผู้หญิงเป็นเพียงเครื่องมือในการผลิต

Por lo demás, nada es más ridículo que la virtuosa indignación de nuestra burguesía contra la comunidad de mujeres

ส่วนที่เหลือไม่มีอะไรไร้สาระไปกว่าความโกรธเคืองอันดีงามของชนชั้นนายทุนของเราที่มีต่อชุมชนสตรี

pretenden que sea abierta y oficialmente establecida por los comunistas

พวกเขาแสร้งทำเป็นว่ามันถูกจัดตั้งขึ้นอย่างเปิดเผยและเป็นทางการโดยคอมมิวนิสต์

Los comunistas no tienen necesidad de introducir la comunidad de mujeres, ha existido casi desde tiempos inmemoriales

คอมมิวนิสต์ไม่จำเป็นต้องแนะนำชุมชนของผู้หญิง
แต่มีมาเกือบตั้งแต่สมัยโบราณ

Nuestra burguesía no se contenta con tener a su disposición a las mujeres e hijas de sus proletarios

ชนชั้นนายทุนของเราไม่พอใจกับการมีภรรยาและลูกสาวของชนชั้นกรรมาชีพอยู่ในมือของพวกเขา

Tienen el mayor placer en seducir a las esposas de los demás

พวกเขามีความสุขที่สุดในการเกลี้ยกล่อมภรรยาของกันและกัน

Y eso sin hablar de las prostitutas comunes

และนั่นไม่ได้พูดถึงโสเภณีทั่วไป

El matrimonio burgués es en realidad un sistema de esposas en común

การแต่งงานของชนชั้นกลางในความเป็นจริงเป็นระบบของภรรยาทั่วไป

entonces hay una cosa que se podría reprochar a los comunistas

แล้วมีสิ่งหนึ่งที่คอมมิวนิสต์อาจถูกตำหนิ

Desean introducir una comunidad de mujeres abiertamente legalizada

พวกเขาปรารถนาที่จะแนะนำชุมชนสตรีที่ถูกกฎหมายอย่างเปิดเผย

en lugar de una comunidad de mujeres hipócritamente oculta

แทนที่จะเป็นชุมชนผู้หญิงที่ปกปิดอย่างหน้าซื่อใจคด

la comunidad de mujeres que surgen del sistema de producción

ชุมชนสตรีที่ผุดขึ้นมาจากระบบการผลิต

abolid el sistema de producción y abolid la comunidad de mujeres

ยกเลิกระบบการผลิต และคุณยกเลิกชุมชนสตรี

Se suprime la prostitución pública y la prostitución privada

ทั้งการค้าประเวณีในที่สาธารณะถูกยกเลิกและการค้าประเวณีส่วนตัว

A los comunistas se les reprocha, además, que desean abolir los países y las nacionalidades

คอมมิวนิสต์ถูกตำหนิมากขึ้นด้วยความปรารถนาที่จะยกเลิกประเทศและสัญชาติ

Los trabajadores no tienen patria, así que no podemos quitarles lo que no tienen

คนทำงานไม่มีประเทศ

ดังนั้นเราจึงไม่สามารถพรากสิ่งที่พวกเขาไม่มีจากพวกเขาได้

El proletariado debe, ante todo, adquirir la supremacía política

ชนชั้นกรรมาชีพต้องได้รับอำนาจสูงสุดทางการเมืองก่อนอื่น

El proletariado debe elevarse para ser la clase dirigente de la nación

ชนชั้นกรรมาชีพต้องลุกขึ้นเป็นชนชั้นผู้นำของประเทศ

El proletariado debe constituirse en la nación

ชนชั้นกรรมาชีพต้องประกอบขึ้นเป็นชาติ

es, hasta ahora, nacional, aunque no en el sentido burgués de la palabra

จนถึงตอนนี้มันเป็นระดับชาติ

แม้ว่าจะไม่ใช่ในความหมายของชนชั้นนายทุนของคำนี้

Las diferencias nacionales y los antagonismos entre los pueblos desaparecen cada día más

ความแตกต่างของชาติและความเป็นปฏิปักษ์ระหว่างชนชาติหายไปทุกวัน

debido al desarrollo de la burguesía, a la libertad de comercio, al mercado mundial

เนื่องจากการพัฒนาของชนชั้นนายทุน เสรีภาพในการค้า สู่ตลาดโลก

a la uniformidad en el modo de producción y en las condiciones de vida correspondientes

เพื่อความสม่ำเสมอในรูปแบบการผลิตและในสภาพชีวิตที่สอดคล้องกัน

La supremacía del proletariado hará que desaparezcan aún más rápidamente

อำนาจสูงสุดของชนชั้นกรรมาชีพจะทำให้พวกเขาหายไปเร็วขึ้น

La acción unida, al menos de los principales países civilizados, es una de las primeras condiciones para la emancipación del proletariado

การกระทำที่เป็นเอกภาพของประเทศอารยธรรมชั้นนำอย่างน้อยก็เป็นหนึ่งในเงื่อนไขแรกสำหรับการปลดปล่อยชนชั้นกรรมาชีพ

En la medida en que se ponga fin a la explotación de un individuo por otro, también se pondrá fin a la explotación de una nación por otra.

ในสัดส่วนการเอารัดเอาเปรียบบุคคลหนึ่งโดยอีกคนหนึ่งถูกยุติลงการแสวงหาผลประโยชน์ของประเทศหนึ่งโดยอีกประเทศหนึ่งก็จะยุติลงเช่นกัน

A medida que desaparezca el antagonismo entre las clases dentro de la nación, la hostilidad de una nación hacia otra llegará a su fin

ตามสัดส่วนเมื่อความเป็นปฏิปักษ์ระหว่างชนชั้นภายในประเทศหายไปความเป็นปรปักษ์ของประเทศหนึ่งต่ออีกประเทศหนึ่งจะสิ้นสุดลง

Las acusaciones contra el comunismo hechas desde un punto de vista religioso, filosófico y, en general, ideológico, no merecen un examen serio

ข้อกล่าวหาต่อลัทธิคอมมิวนิสต์ที่เกิดจากศาสนา ปรัชญา
และโดยทั่วไปจากมุมมองทางอุดมการณ์
ไม่สมควรได้รับการตรวจสอบอย่างจริงจัง

¿Se requiere una intuición profunda para comprender que las ideas, puntos de vista y concepciones del hombre cambian con cada cambio en las condiciones de su existencia material?

ต้องใช้สัญชาตญาณที่ลึกซึ้งในการเข้าใจว่าความคิด มุมมอง
และแนวคิดของมนุษย์เปลี่ยนแปลงไปตามการเปลี่ยนแปลงทุกครั้งในเงื่อนไขของการดำรงอยู่ทางวัตถุของเขา?

¿No es obvio que la conciencia del hombre cambia cuando cambian sus relaciones sociales y su vida social?

ไม่ชัดเจนหรือว่าจิตสำนึกของมนุษย์เปลี่ยนไปเมื่อความสัมพันธ์ทางสังคมและชีวิตทางสังคมของเขาเปลี่ยนไป?

¿Qué otra cosa prueba la historia de las ideas sino que la producción intelectual cambia de carácter a medida que cambia la producción material?

ประวัติศาสตร์ของความคิดพิสูจน์อะไรอีกนอกเหนือจากการผลิตทางปัญญาที่เปลี่ยนลักษณะตามสัดส่วนเมื่อการผลิตวัสดุเปลี่ยนไป

Las ideas dominantes de cada época han sido siempre las ideas de su clase dominante

แนวคิดการปกครองของแต่ละยุคเคยเป็นความคิดของชนชั้นปกครอง

Cuando se habla de ideas que revolucionan la sociedad, no hace más que expresar un hecho

เมื่อผู้คนพูดถึงแนวคิดที่ปฏิวัติสังคม

Dentro de la vieja sociedad, se han creado los elementos de una nueva

ภายในสังคมเก่าองค์ประกอบของสังคมใหม่ได้ถูกสร้างขึ้น

y que la disolución de las viejas ideas sigue el mismo ritmo que la disolución de las viejas condiciones de existencia

และการสลายตัวของความคิดเก่า ๆ

นั้นสอดคล้องกับการสลายตัวของเงื่อนไขการดำรงอยู่แบบเก่า

Cuando el mundo antiguo estaba en sus últimos estertores, las religiones antiguas fueron vencidas por el cristianismo

เมื่อโลกโบราณอยู่ในความเจ็บปวดครั้งสุดท้ายศาสนาโบราณถูกครอบงำโดย
ศาสนาคริสต์

Cuando las ideas cristianas sucumbieron en el siglo XVIII a las ideas racionalistas, la sociedad feudal libró su batalla a muerte contra la burguesía revolucionaria de entonces

เมื่อความคิดของคริสเตียนยอมจำนนต่อแนวคิดที่มีเหตุผลนิยมในศตวรรษที่
18 สังคมศักดินาต่อสู้กับชนชั้นนายทุนที่ปฏิวัติในขณะนั้น

Las ideas de la libertad religiosa y de la libertad de conciencia no hacían más que expresar el dominio de la libre competencia en el dominio del conocimiento

แนวคิดเรื่องเสรีภาพทางศาสนาและเสรีภาพของมโนธรรมเป็นเพียงการแสดง
ออกถึงอิทธิพลของการแข่งขันอย่างเสรีภายในขอบเขตของความรู้

"Indudablemente", se dirá, "las ideas religiosas, morales, filosóficas y jurídicas se han modificado en el curso del desarrollo histórico"

"ไม่ต้องสงสัยเลย" จะกล่าวได้ว่า "แนวคิดทางศาสนา ศีลธรรม ปรัชญา
และนิติศาสตร์ได้รับการแก้ไขในหลักสูตรของการพัฒนาทางประวัติศาสตร์"

"Pero la religión, la filosofía de la moral, la ciencia política y el derecho, sobrevivieron constantemente a este cambio"

"แต่ศาสนา ปรัชญาศีลธรรม รัฐศาสตร์ และกฎหมาย
รอดชีวิตจากการเปลี่ยนแปลงนี้อย่างต่อเนื่อง"

"También hay verdades eternas, como la Libertad, la Justicia, etc."

"นอกจากนี้ยังมีความจริงนิรันดร์ เช่น เสรีภาพ ความยุติธรรม ฯลฯ"

"Estas verdades eternas son comunes a todos los estados de la sociedad"

"ความจริงนิรันดร์เหล่านี้เป็นเรื่องธรรมดาในทุกสภาวะของสังคม"

"Pero el comunismo suprime las verdades eternas, suprime toda religión y toda moral"

"แต่ลัทธิคอมมิวนิสต์ยกเลิกความจริงนิรันดร์
มันยกเลิกศาสนาทั้งหมดและศีลธรรมทั้งหมด"

"Lo hace en lugar de constituirlos sobre una nueva base"

"มันทำเช่นนี้แทนที่จะจัดตั้งขึ้นบนพื้นฐานใหม่"

"Por lo tanto, actúa en contradicción con toda la experiencia histórica pasada"

"ดังนั้นจึงกระทำหน้าที่ขัดแย้งกับประสบการณ์ทางประวัติศาสตร์ในอดีตทั้งหมด"

¿A qué se reduce esta acusación?

ข้อกล่าวหานี้ลดทอนตัวเองลงเป็นอะไร?

La historia de toda la sociedad pasada ha consistido en el desarrollo de antagonismos de clase

ประวัติศาสตร์ของสังคมในอดีตทั้งหมดประกอบด้วยการพัฒนาความเป็นปฏิปักษ์ทางชนชั้น

antagonismos que asumieron diferentes formas en diferentes épocas

ปฏิปักษ์ที่สมมติว่ารูปแบบที่แตกต่างกันในยุคต่างๆ

Pero cualquiera que sea la forma que hayan tomado, un hecho es común a todas las épocas pasadas

แต่ไม่ว่าพวกเขาจะอยู่ในรูปแบบใดก็ตามข้อเท็จจริงหนึ่งเป็นเรื่องธรรมดาสำหรับทุกยุคที่ผ่านมา

la explotación de una parte de la sociedad por la otra

การแสวงหาประโยชน์จากส่วนหนึ่งของสังคมโดยอีกส่วนหนึ่ง

No es de extrañar, pues, que la conciencia social de épocas pasadas se mueva dentro de ciertas formas comunes o ideas generales

จึงไม่น่าแปลกใจเลยที่จิตสำนึกทางสังคมของยุคที่ผ่านมาเคลื่อนไหวภายในรูปแบบทั่วไปหรือแนวคิดทั่วไป

(y eso a pesar de toda la multiplicidad y variedad que muestra)

(และนั่นแม้จะมีความหลากหลายและความหลากหลายที่แสดง)

y éstos no pueden desaparecer por completo sino con la desaparición total de los antagonismos de clase

และสิ่งเหล่านี้ไม่สามารถหายไปได้อย่างสมบูรณ์เว้นแต่การหายไปโดยสิ้นเชิง
ของความเป็นปฏิปักษ์ทางชนชั้น

La revolución comunista es la ruptura más radical con las relaciones tradicionales de propiedad

การปฏิวัติคอมมิวนิสต์เป็นการแตกร้าวที่รุนแรงที่สุดกับความสัมพันธ์ด้านทรัพย์สินแบบดั้งเดิม

No es de extrañar que su desarrollo implique la ruptura más radical con las ideas tradicionales

ไม่น่าแปลกใจเลยที่การพัฒนาเกี่ยวข้องกับการแตกแยกที่รุนแรงที่สุดกับแนวคิดดั้งเดิม

Pero dejemos de lado las objeciones de la burguesía al comunismo

แต่ให้เราทำกับการคัดค้านของชนชั้นนายทุนต่อลัทธิคอมมิวนิสต์

Hemos visto más arriba el primer paso de la revolución de la clase obrera

เราได้เห็นก้าวแรกในการปฏิวัติโดยชนชั้นแรงงานข้างต้น

Hay que elevar al proletariado a la posición de gobernante, para ganar la batalla de la democracia

ชนชั้นกรรมาชีพต้องได้รับการยกระดับให้อยู่ในตำแหน่งปกครองเพื่อชนะการต่อสู้ของประชาธิปไตย

El proletariado utilizará su supremacía política para arrebatar, poco a poco, todo el capital a la burguesía

ชนชั้นกรรมาชีพจะใช้อำนาจสูงสุดทางการเมืองเพื่อแย่งชิงทุนทั้งหมดจากชนชั้นนายทุนทีละระดับ

centralizará todos los instrumentos de producción en manos del Estado

จะรวมศูนย์เครื่องมือการผลิตทั้งหมดไว้ในมือของรัฐ

En otras palabras, el proletariado organizado como clase dominante

กล่าวอีกนัยหนึ่งคือชนชั้นกรรมาชีพจัดตั้งขึ้นเป็นชนชั้นปกครอง

y aumentará el total de las fuerzas productivas lo más rápidamente posible

และจะเพิ่มกำลังการผลิตทั้งหมดให้เร็วที่สุด

Por supuesto, al principio, esto no puede llevarse a cabo sino por medio de incursiones despóticas en los derechos de propiedad

แน่นอนว่าในตอนแรกสิ่งนี้ไม่สามารถเกิดขึ้นได้เว้นแต่โดยการบุกรุกอย่างเผด็จการต่อสิทธิในทรัพย์สิน

y tiene que lograrse en las condiciones de la producción burguesa

และต้องบรรลุตามเงื่อนไขของการผลิตชนชั้นนายทุน

Por lo tanto, se logra mediante medidas que parecen económicamente insuficientes e insostenibles

มันทำได้โดยใช้มาตรการซึ่งดูเหมือนไม่เพียงพอทางเศรษฐกิจและไม่สามารถรักษาได้

pero estos medios, en el curso del movimiento, se superan a sí mismos

แต่วิธีการเหล่านี้ในระหว่างการเคลื่อนไหวนั้นแซงหน้าตัวเอง

Requieren nuevas incursiones en el viejo orden social

พวกเขาจำเป็นต้องมีการรุกรานต่อระเบียบสังคมแบบเก่า

y son ineludibles como medio de revolucionar por completo el modo de producción

และหลีกเลี่ยงไม่ได้ในฐานะวิธีการปฏิวัติรูปแบบการผลิตทั้งหมด

Por supuesto, estas medidas serán diferentes en los distintos países

แน่นอนว่ามาตรการเหล่านี้จะแตกต่างกันในแต่ละประเทศ

Sin embargo, en los países más avanzados, lo siguiente será de aplicación bastante general

อย่างไรก็ตามในประเทศที่ก้าวหน้าที่สุดสิ่งต่อไปนี้จะค่อนข้างใช้ได้โดยทั่วไป

1. Abolición de la propiedad de la tierra y aplicación de todas las rentas de la tierra a fines públicos.

1.
การยกเลิกทรัพย์สินในที่ดินและการใช้ค่าเช่าที่ดินทั้งหมดเพื่อวัตถุประสงค์สาธารณะ

2. Un fuerte impuesto progresivo o gradual sobre la renta.

2. ภาษีเงินได้แบบก้าวหน้าหรือสำเร็จการศึกษาจำนวนมาก

3. Abolición de todo derecho de herencia.

3. การยกเลิกสิทธิมรดกทั้งหมด

4. Confiscación de los bienes de todos los emigrantes y rebeldes.

4. การยึดทรัพย์สินของผู้อพยพและกบฏทั้งหมด

5. Centralización del crédito en manos del Estado, por medio de un banco nacional de capital estatal y monopolio exclusivo.

5. การรวมศูนย์สินเชื่อในมือของรัฐโดยใช้ธนาคารแห่งชาติที่มีทุนของรัฐและการผูกขาดแต่เพียงผู้เดียว

6. Centralización de los medios de comunicación y transporte en manos del Estado.

6. การรวมศูนย์ของวิธีการสื่อสารและการขนส่งอยู่ในมือของรัฐ

7. Ampliación de fábricas e instrumentos de producción propiedad del Estado

7. การขยายโรงงานและเครื่องมือการผลิตของรัฐ

la puesta en cultivo de tierras baldías y el mejoramiento del suelo en general de acuerdo con un plan común.

การนำพื้นที่รกร้างว่างเปล่ามาเพาะปลูก และการปรับปรุงดินโดยทั่วไปตามแผนร่วมกัน

8. Igual responsabilidad de todos hacia el trabajo

8. ความรับผิดเท่าเทียมกันของทุกคนต่อแรงงาน

Establecimiento de ejércitos industriales, especialmente para la agricultura.

การจัดตั้งกองทัพอุตสาหกรรมโดยเฉพาะเพื่อการเกษตร

9. Combinación de la agricultura con las industrias manufactureras

9. การผสมผสานระหว่างการเกษตรกับอุตสาหกรรมการผลิต

Abolición gradual de la distinción entre la ciudad y el campo, por una distribución más equitativa de la población en todo el país.

การยกเลิกความแตกต่างระหว่างเมืองและชนบทอย่างค่อยเป็นค่อยไป โดยการกระจายประชากรทั่วประเทศที่เท่าเทียมกันมากขึ้น

10. Educación gratuita para todos los niños en las escuelas públicas.

10. การศึกษาฟรีสำหรับเด็กทุกคนในโรงเรียนของรัฐ

Abolición del trabajo infantil en las fábricas en su forma actual

การเลิกใช้แรงงานในโรงงานของเด็กในรูปแบบปัจจุบัน

Combinación de la educación con la producción industrial

การผสมผสานระหว่างการศึกษากับการผลิตทางอุตสาหกรรม

Cuando, en el curso del desarrollo, las distinciones de clase han desaparecido

เมื่อในระหว่างการพัฒนาความแตกต่างทางชนชั้นหายไป

y cuando toda la producción se ha concentrado en manos de una vasta asociación de toda la nación

และเมื่อการผลิตทั้งหมดกระจุกตัวอยู่ในมือของสมาคมขนาดใหญ่ของทั้งประเทศ

entonces el poder público perderá su carácter político

แล้วอำนาจสาธารณะจะสูญเสียลักษณะทางการเมือง

El poder político, propiamente dicho, no es más que el poder organizado de una clase para oprimir a otra

อำนาจทางการเมืองที่เรียกว่าอย่างถูกต้องเป็นเพียงอำนาจที่จัดระเบียบของชนชั้นหนึ่งเพื่อกดขี่อีกชนชั้นหนึ่ง

Si el proletariado, en su lucha contra la burguesía, se ve obligado, por la fuerza de las circunstancias, a organizarse como clase

หากชนชั้นกรรมาชีพในระหว่างการแข่งขันกับชนชั้นนายทุนถูกบังคับให้จัดระเบียบตัวเองเป็นชนชั้นโดยพลังของสถานการณ์

si, por medio de una revolución, se convierte en la clase dominante

หากโดยการปฏิวัติทำให้ตัวเองเป็นชนชั้นปกครอง

y, como tal, barre por la fuerza las viejas condiciones de producción

และด้วยเหตุนี้จึงกวาดล้างเงื่อนไขการผลิตแบบเก่าออกไปด้วยกำลัง

entonces, junto con estas condiciones, habrá barrido las condiciones para la existencia de los antagonismos de clase y de las clases en general

จากนั้นมันจะพร้อมกับเงื่อนไขเหล่านี้ได้กวาดล้างเงื่อนไขสำหรับการดำรงอยู่ของความเป็นปฏิปักษ์ทางชนชั้นและของชนชั้นโดยทั่วไป

y con ello habrá abolido su propia supremacía como clase.

และด้วยเหตุนี้จึงจะยกเลิกอำนาจสูงสุดของตนเองในฐานะชนชั้น

En lugar de la vieja sociedad burguesa, con sus clases y sus antagonismos de clase, tendremos una asociación

แทนที่สังคมชนชั้นนายทุนแบบเก่าที่มีชนชั้นและความเป็นปฏิปักษ์ทางชนชั้นเราจะมีสมาคม

una asociación en la que el libre desarrollo de cada uno sea la condición para el libre desarrollo de todos

สมาคมที่การพัฒนาอย่างเสรีของแต่ละคนเป็นเงื่อนไขสำหรับการพัฒนาอย่าง
เสรีของทุกคน

1) Socialismo reaccionario
1) สังคมนิยมปฏิกิริยา

a) Socialismo feudal
ก) สังคมนิยมศักดินา

**las aristocracias de Francia e Inglaterra tenían una posición
histórica única**
ขุนนางของฝรั่งเศสและอังกฤษมีตำแหน่งทางประวัติศาสตร์ที่ไม่เหมือนใคร
**se convirtió en su vocación escribir panfletos contra la
sociedad burguesa moderna**
มันกลายเป็นอาชีพของพวกเขาในการเขียนแผ่นพับต่อต้านสังคมชนชั้นนาย
ทุนสมัยใหม่
**En la Revolución Francesa de julio de 1830 y en la agitación
reformista inglesa**
ในการปฏิวัติฝรั่งเศสในเดือนกรกฎาคม พ.ศ. 2373
และการปลุกปั่นการปฏิรูปอังกฤษ
**Estas aristocracias sucumbieron de nuevo ante el odioso
advenedizo**
ขุนนางเหล่านี้ยอมจำนนต่อผู้เริ่มต้นที่น่าเกลียดชังอีกครั้ง
**A partir de entonces, una contienda política seria quedó
totalmente fuera de discusión**
จากนั้นการแข่งขันทางการเมืองที่จริงจังก็เป็นไปไม่ได้เลย
**Todo lo que quedaba posible era una batalla literaria, no
una batalla real**
สิ่งที่เป็นไปได้คือการต่อสู้ทางวรรณกรรม ไม่ใช่การต่อสู้จริง
**Pero incluso en el dominio de la literatura, los viejos gritos
del período de la restauración se habían vuelto imposibles**
แต่แม้ในขอบเขตของวรรณกรรมเสียงร้องเก่าของยุคฟื้นฟูก็เป็นไปไม่ได้
**Para despertar simpatías, la aristocracia se vio obligada a
perder de vista, aparentemente, sus propios intereses**
เพื่อกระตุ้นความเห็นอกเห็นใจชนชั้นสูงจำเป็นต้องมองไม่เห็นผลประโยชน์ขอ
งตนเอง

y se vieron obligados a formular su acusación contra la burguesía en interés de la clase obrera explotada

และพวกเขาจำเป็นต้องกำหนดคำฟ้องต่อชนชั้นนายทุนเพื่อผลประโยชน์ของชนชั้นแรงงานที่ถูกเอารัดเอาเปรียบ

Así, la aristocracia se vengó cantando sátiras a su nuevo amo

ดังนั้นขุนนางจึงแก้แค้นด้วยการร้องเพลงโหยหยามเจ้านายคนใหม่ของพวกเขา

y se vengaron susurrándole al oído siniestras profecías de catástrofe venidera

และพวกเขาแก้แค้นด้วยการกระซิบในหูของเขาถึงคำทำนายที่น่ากลัวเกี่ยวกับหายนะที่กำลังจะมาถึง

De esta manera surgió el socialismo feudal: mitad lamentación, mitad sátira

ด้วยวิธีนี้สังคมนิยมศักดินาจึงเกิดขึ้น: ครึ่งคร่ำครวญครึ่งหนึ่ง

Sonaba como medio eco del pasado y proyectaba mitad amenaza del futuro

มันดังก้องเป็นเสียงสะท้อนครึ่งหนึ่งของอดีต
และฉายภาพครึ่งหนึ่งของภัยคุกคามในอนาคต

a veces, con su crítica amarga, ingeniosa e incisiva, golpeó a la burguesía hasta la médula

บางครั้งด้วยการวิพากษ์วิจารณ์ที่ขมขื่นไหวพริบและเฉียบแหลมมันกระทบชนชั้นนายทุนถึงแก่นแท้ของหัวใจ

pero siempre fue ridículo en su efecto, por su total incapacidad para comprender la marcha de la historia moderna

แต่มันก็ไร้สาระเสมอในผลของมัน
ผ่านการไร้ความสามารถโดยสิ้นเชิงในการเข้าใจการเดินขบวนของประวัติศาสตร์สมัยใหม่

La aristocracia, con el fin de atraer al pueblo hacia ellos, agitaba la bolsa de limosnas proletaria delante como una bandera

ขุนนางเพื่อรวบรวมประชาชนให้พวกเขาโบกถุงบิณฑบาตของชนชั้นกรรมาชีพไว้ด้านหน้าเพื่อขอธง

Pero el pueblo, tan a menudo como se unía a ellos, veía en sus cuartos traseros los antiguos escudos de armas feudales

แต่ผู้คนมักจะเห็นเสื้อคลุมแขนศักดินาเก่าที่ส่วนหลังของพวกเขา

y desertaron con carcajadas ruidosas e irreverentes

และพวกเขาก็ละทิ้งไปด้วยเสียงหัวเราะที่ดังและไม่เคารพ

Un sector de los legitimistas franceses y de la "Joven Inglaterra" exhibió este espectáculo

ส่วนหนึ่งของนักความชอบธรรมของฝรั่งเศสและ "Young England" แสดงปรากฏการณ์นี้

los feudales señalaban que su modo de explotación era diferente al de la burguesía

ศักดินาชี้ให้เห็นว่ารูปแบบการเอารัดเอาเปรียบของพวกเขาแตกต่างจากชนชั้นนายทุน

Los feudales olvidan que explotaron en circunstancias y condiciones muy diferentes

ศักดินาลืมไปว่าพวกเขาเอารัดเอาเปรียบภายใต้สถานการณ์และเงื่อนไขที่ค่อนข้างแตกต่างกัน

Y no se dieron cuenta de que tales métodos de explotación ahora son anticuados

และพวกเขาไม่ได้สังเกตเห็นว่าวิธีการแสวงหาผลประโยชน์ดังกล่าวล้าสมัยแล้ว

demostraron que, bajo su gobierno, el proletariado moderno nunca existió

พวกเขาแสดงให้เห็นว่าภายใต้การปกครองของพวกเขาชนชั้นกรรมาชีพสมัยใหม่ไม่เคยมีอยู่จริง

pero olvidan que la burguesía moderna es el vástago necesario de su propia forma de sociedad

แต่พวกเขาลืมไปว่าชนชั้นนายทุนสมัยใหม่เป็นลูกหลานที่จำเป็นของรูปแบบสังคมของพวกเขาเอง

Por lo demás, apenas ocultan el carácter reaccionario de su crítica

ส่วนที่เหลือพวกเขาแทบจะไม่ปกปิดลักษณะปฏิกิริยาของการวิพากษ์วิจารณ์ของพวกเขา

su principal acusación contra la burguesía es la siguiente

ข้อกล่าวหาหลักของพวกเขาต่อชนชั้นนายทุนมีดังต่อไปนี้

bajo el régimen de la burguesía se está desarrollando una clase social

ภายใต้ระบอบการปกครองของชนชั้นนายทุนกำลังได้รับการพัฒนาชนชั้นทางสังคม

Esta clase social está destinada a cortar de raíz el viejo orden de la sociedad

ชนชั้นทางสังคมนี้ถูกกำหนดให้ตัดรากและแตกแขนงระเบียบเก่าของสังคม
Lo que reprochan a la burguesía no es tanto que cree un proletariado
สิ่งที่พวกเขาทำให้ชนชั้นนายทุนไม่มากนักที่จะสร้างชนชั้นกรรมาชีพ
lo que reprochan a la burguesía es más bien que crea un proletariado revolucionario
สิ่งที่พวกเขาด่าชนชั้นนายทุนด้วยยิ่งกว่านั้นมันสร้างชนชั้นกรรมาชีพปฏิวัติ
En la práctica política, por lo tanto, se unen a todas las medidas coercitivas contra la clase obrera
ดังนั้นในทางปฏิบัติทางการเมืองพวกเขาจึงเข้าร่วมในมาตรการบีบบังคับทั้งห
มดต่อชนชั้นแรงงาน
Y en la vida ordinaria, a pesar de sus frases altisonantes, se inclinan a recoger las manzanas de oro que caen del árbol de la industria
และในชีวิตธรรมดา แม้จะมีวลีที่สูงส่ง
แต่พวกเขาก็ก้มลงเพื่อหยิบแอปเปิ้ลทองคำที่หล่นลงมาจากต้นไม้แห่งอุตสาห
กรรม
y trocan la verdad, el amor y el honor por el comercio de lana, azúcar de remolacha y aguardiente de patata
และพวกเขาแลกเปลี่ยนความจริง ความรัก และเกียรติยศเพื่อการค้าขนสัตว์
น้ำตาลบีทรูท และมันฝรั่ง
Así como el párroco ha ido siempre de la mano con el terrateniente, así también lo ha hecho el socialismo clerical con el socialismo feudal
ในฐานะที่บาทหลวงเคยจับมือกับเจ้าของที่ดิน
สังคมนิยมนักบวชกับสังคมนิยมศักดินาก็เช่นกัน
Nada es más fácil que dar al ascetismo cristiano un tinte socialista
ไม่มีอะไรง่ายไปกว่าการให้การบำเพ็ญตบตระหนกของคริสเตียนเป็นสังคมนิย
ม
¿No ha declamado el cristianismo contra la propiedad privada, contra el matrimonio, contra el Estado?
ศาสนาคริสต์ไม่ได้อ้างว่าต่อต้านทรัพย์สินส่วนตัวต่อต้านการแต่งงานต่อต้าน
รัฐหรือ?
¿No ha predicado el cristianismo en lugar de estos, la caridad y la pobreza?
ศาสนาคริสต์ไม่ได้เทศนาแทนสิ่งเหล่านี้ จิตกุศลและความยากจนหรือ?

¿Acaso el cristianismo no predica el celibato y la mortificación de la carne, la vida monástica y la Madre Iglesia?

ศาสนาคริสต์ไม่ได้เทศนาการเป็นโสดและการตายของเนื้อหนังชีวิตสงฆ์และคริสตจักรแม่หรือ?

El socialismo cristiano no es más que el agua bendita con la que el sacerdote consagra los ardores del corazón del aristócrata

สังคมนิยมคริสเตียนเป็นเพียงน้ำศักดิ์สิทธิ์ที่นักบวชใช้ถวายการเผาไหม้หัวใจของขุนนาง

b) Socialismo pequeñoburgués

ข) สังคมนิยมชนชั้นนายทุนน้อย

La aristocracia feudal no fue la única clase arruinada por la
burguesía

ขุนนางศักดินาไม่ใช่ชนชั้นเดียวที่ถูกทำลายโดยชนชั้นนายทุน

no fue la única clase cuyas condiciones de existencia
languidecieron y perecieron en la atmósfera de la sociedad
burguesa moderna

ไม่ใช่ชนชั้นเดียวที่มีเงื่อนไขการดำรงอยู่และพินาศในบรรยากาศของสังคมช
นชั้นนายทุนสมัยใหม่

Los burgueses medievales y los pequeños propietarios
campesinos fueron los precursores de la burguesía moderna

เบอร์เจสในยุคกลางและเจ้าของชาวนารายย่อยเป็นบรรพบุรุษของชนชั้นนาย
ทุนสมัยใหม่

En los países poco desarrollados, industrial y
comercialmente, estas dos clases siguen vegetando una al
lado de la otra

ในประเทศเหล่านั้นที่มีการพัฒนาเพียงเล็กน้อยทั้งในอุตสาหกรรมและเชิงพา
ณิชย์ทั้งสองชนชั้นนี้ยังคงปลูกพืชเคียงข้างกัน

y mientras tanto la burguesía se levanta junto a ellos:
industrial, comercial y políticamente

และในขณะเดียวกันชนชั้นนายทุนก็ลุกขึ้นข้างๆ พวกเขา: ในอุตสาหกรรม
การค้า และการเมือง

En los países donde la civilización moderna se ha
desarrollado plenamente, se ha formado una nueva clase de
pequeña burguesía

ในประเทศที่อารยธรรมสมัยใหม่ได้รับการพัฒนาอย่างเต็มที่

esta nueva clase social fluctúa entre el proletariado y la
burguesía

ชนชั้นทางสังคมใหม่นี้ผันผวนระหว่างชนชั้นกรรมาชีพและชนชั้นนายทุน

y siempre se renueva como parte complementaria de la
sociedad burguesa

และมันก็ต่ออายุตัวเองเป็นส่วนเสริมของสังคมชนชั้นกลาง

Sin embargo, los miembros individuales de esta clase son
constantemente arrojados al proletariado

อย่างไรก็ตาม

สมาชิกแต่ละคนของชนชั้นนี้ถูกโยนลงสู่ชนชั้นกรรมาชีพอย่างต่อเนื่อง

son absorbidos por el proletariado a través de la acción de la competencia

พวกเขาถูกดูดโดยชนชั้นกรรมาชีพผ่านการกระทำของการแข่งขัน

A medida que la industria moderna se desarrolla, incluso ven acercarse el momento en que desaparecerán por completo como sección independiente de la sociedad moderna

เมื่ออุตสาหกรรมสมัยใหม่พัฒนาขึ้นพวกเขายังเห็นช่วงเวลาที่ใกล้เข้ามาเมื่อพวกเขาจะหายไปอย่างสมบูรณ์ในฐานะส่วนที่เป็นอิสระของสังคมสมัยใหม่

Serán reemplazados, en las manufacturas, la agricultura y el comercio, por vigilantes, alguaciles y tenderos

พวกเขาจะถูกแทนที่ในการผลิต การเกษตร และการพาณิชย์
โดยผู้มองการณ์ ปลัดอำเภอ และพ่อค้า

En países como Francia, donde los campesinos constituyen mucho más de la mitad de la población

ในประเทศเช่นฝรั่งเศส ซึ่งชาวนามีสัดส่วนมากกว่าครึ่งหนึ่งของประชากร

era natural que hubiera escritores que se pusieran del lado del proletariado contra la burguesía

เป็นเรื่องธรรมดาที่มีนักเขียนที่เข้าข้างชนชั้นกรรมาชีพต่อต้านชนชั้นนายทุน

en su crítica al régimen burgués utilizaron el estandarte de la pequeña burguesía campesina

ในการวิพากษ์วิจารณ์ระบอบชนชั้นนายทุนพวกเขาใช้มาตรฐานของชาวนาและชนชั้นนายทุนขนาดเล็ก

Y desde el punto de vista de estas clases intermedias, toman el garrote de la clase obrera

และจากมุมมองของชนชั้นกลางเหล่านี้พวกเขาใช้ไม้เท้าสำหรับชนชั้นแรงงาน

Así surgió el socialismo pequeñoburgués, del que Sismondi era el jefe de esta escuela, no sólo en Francia, sino también en Inglaterra

ด้วยเหตุนี้สังคมนิยมชนชั้นนายทุนเล็กจึงเกิดขึ้น ซึ่ง Sismondi
เป็นหัวหน้าโรงเรียนนี้ ไม่เพียงแต่ในฝรั่งเศสเท่านั้น
แต่ยังรวมถึงในอังกฤษด้วย

Esta escuela del socialismo diseccionó con gran agudeza las contradicciones de las condiciones de producción moderna

โรงเรียนสังคมนิยมนี้ชำแหละความขัดแย้งในเงื่อนไขของการผลิตสมัยใหม่อย่างเฉียบพลัน

Esta escuela puso al descubierto las apologías hipócritas de los economistas

โรงเรียนนี้เปิดเผยคำขอโทษหน้าซื่อใจคดของนักเศรษฐศาสตร์

Esta escuela demostró, incontrovertiblemente, los efectos desastrosos de la maquinaria y de la división del trabajo

โรงเรียนนี้พิสูจน์อย่างไม่อาจโต้แย้งได้ว่าผลกระทบร้ายแรงของเครื่องจักรและการแบ่งงาน

Probó la concentración del capital y de la tierra en pocas manos

มันพิสูจน์ให้เห็นถึงการกระจุกตัวของทุนและที่ดินในมือไม่กี่คน

demostró cómo la sobreproducción conduce a las crisis de la burguesía

มันพิสูจน์ให้เห็นว่าการผลิตมากเกินไปนำไปสู่วิกฤตชนชั้นกลางอย่างไร

señalaba la ruina inevitable de la pequeña burguesía y del campesino

มันชี้ให้เห็นถึงความพินาศที่หลีกเลี่ยงไม่ได้ของชนชั้นนายทุนและชาวนา

la miseria del proletariado, la anarquía en la producción, las desigualdades flagrantes en la distribución de la riqueza

ความทุกข์ยากของชนชั้นกรรมาชีพ ความอนาธิปไตยในการผลิต ความไม่เท่าเทียมกันที่ร้องไห้ในการกระจายความมั่งคั่ง

Mostró cómo el sistema de producción lidera la guerra industrial de exterminio entre naciones

มันแสดงให้เห็นว่าระบบการผลิตเป็นผู้นำสงครามอุตสาหกรรมแห่งการกำจัดระหว่างประเทศอย่างไร

la disolución de los viejos lazos morales, de las viejas relaciones familiares, de las viejas nacionalidades

การสลายพันธะทางศีลธรรมเก่า ความสัมพันธ์ในครอบครัวเก่า สัญชาติเก่า

Sin embargo, en sus objetivos positivos, esta forma de socialismo aspira a lograr una de dos cosas

อย่างไรก็ตาม ในเป้าหมายเชิงบวก
สังคมนิยมรูปแบบนี้ปรารถนาที่จะบรรลุหนึ่งในสองสิ่ง

o bien pretende restaurar los antiguos medios de producción y de intercambio

มีจุดมุ่งหมายเพื่อฟื้นฟูวิธีการผลิตและการแลกเปลี่ยนแบบเก่า

y con los viejos medios de producción restauraría las viejas
relaciones de propiedad y la vieja sociedad

และด้วยวิธีการผลิตแบบเก่า

มันจะฟื้นฟูความสัมพันธ์ด้านทรัพย์สินแบบเก่าและสังคมเก่า

o pretende apretar los medios modernos de producción e
intercambio en el viejo marco de las relaciones de propiedad

หรือมีจุดมุ่งหมายเพื่อทำให้วิธีการผลิตและการแลกเปลี่ยนที่ทันสมัยเป็นกรอบ
เก่าของความสัมพันธ์ด้านทรัพย์สิน

En cualquier caso, es a la vez reaccionario y utópico

ไม่ว่าในกรณีใด มันเป็นทั้งปฏิกิริยาและยูโทเปีย

Sus últimas palabras son: gremios corporativos para la
manufactura, relaciones patriarcales en la agricultura

คำพูดสุดท้ายคือ:

กิลด์องค์กรเพื่อการผลิตความสัมพันธ์ปิตาธิปไตยในการเกษตร

En última instancia, cuando los obstinados hechos históricos
habían dispersado todos los efectos embriagadores del
autoengaño

ในที่สุดเมื่อข้อเท็จจริงทางประวัติศาสตร์ที่ดื้อรั้นได้กระจายผลกระทบที่ทำให้มี
นเมาของการหลอกลวงตนเอง

esta forma de socialismo terminó en un miserable ataque de
lástima

รูปแบบของสังคมนิยมนี้จบลงด้วยความสงสารที่น่าสังเวช

c) Socialismo alemán o "verdadero"

c) สังคมนิยมเยอรมันหรือ "จริง"

La literatura socialista y comunista de Francia se originó bajo la presión de una burguesía en el poder

วรรณกรรมสังคมนิยมและคอมมิวนิสต์ของฝรั่งเศสมีต้นกำเนิดภายใต้แรงกดดันของชนชั้นนายทุนที่มีอำนาจ

Y esta literatura era la expresión de la lucha contra este poder

และวรรณกรรมนี้เป็นการแสดงออกของการต่อสู้กับอำนาจนี้

se introdujo en Alemania en un momento en que la burguesía acababa de comenzar su lucha contra el absolutismo feudal

มันถูกนำมาใช้ในเยอรมนีในช่วงเวลาที่ชนชั้นนายทุนเพิ่งเริ่มการแข่งขันกับระบอบสมบูรณาญาสิทธิราชย์ศักดินา

Los filósofos alemanes, los aspirantes a filósofos y los beaux esprits, se apoderaron con avidez de esta literatura

นักปรัชญาชาวเยอรมัน นักปรัชญา และนักปรัชญา และนักปรัชญาคนรักคว้าวรรณกรรมนี้อย่างกระตือรือร้น

pero olvidaron que los escritos emigraron de Francia a Alemania sin traer consigo las condiciones sociales francesas

แต่พวกเขาลืมไปว่างานเขียนอพยพจากฝรั่งเศสไปยังเยอรมนีโดยไม่นำสภาพสังคมของฝรั่งเศสมาด้วย

En contacto con las condiciones sociales alemanas, esta literatura francesa perdió toda su significación práctica inmediata

เมื่อสัมผัสกับสภาพสังคมของเยอรมันวรรณกรรมฝรั่งเศสนี้สูญเสียความสำคัญในทางปฏิบัติในทันที

y la literatura comunista de Francia asumió un aspecto puramente literario en los círculos académicos alemanes

และวรรณกรรมคอมมิวนิสต์ของฝรั่งเศสถือว่าเป็นแง่มุมวรรณกรรมล้วนๆในแวดวงวิชาการเยอรมัน

Así, las exigencias de la primera Revolución Francesa no eran más que las exigencias de la "Razón Práctica"

ดังนั้นข้อเรียกร้องของการปฏิวัติฝรั่งเศสครั้งแรกจึงไม่มีอะไรมากไปกว่าข้อเรียกร้องของ "เหตุผลเชิงปฏิบัติ"

y la expresión de la voluntad de la burguesía revolucionaria francesa significaba a sus ojos la ley de la voluntad pura

และการพูดเจตจำนงของชนชั้นนายทุนฝรั่งเศสที่ปฏิวัติแสดงถึงกฎแห่งเจตจำนงที่บริสุทธิ์ในสายตาของพวกเขา

significaba la Voluntad tal como estaba destinada a ser; de la verdadera Voluntad humana en general

มันหมายถึงเจตจำนงตามที่มันถูกผูกมัดไว้
ของเจตจำนงที่แท้จริงของมนุษย์โดยทั่วไป

El mundo de los literatos alemanes consistía únicamente en armonizar las nuevas ideas francesas con su antigua conciencia filosófica

โลกของนักวรรณกรรมเยอรมันประกอบด้วยการนำแนวคิดใหม่ของฝรั่งเศสมากลมกลืนกับจิตสำนึกทางปรัชญาโบราณของพวกเขา

o mejor dicho, se anexionaron las ideas francesas sin abandonar su propio punto de vista filosófico

หรือมากกว่านั้น
พวกเขาผนวกแนวคิดของฝรั่งเศสโดยไม่ละทิ้งมุมมองทางปรัชญาของตนเอง

Esta anexión se llevó a cabo de la misma manera en que se apropia una lengua extranjera, es decir, por traducción

การผนวกนี้เกิดขึ้นในลักษณะเดียวกับที่ภาษาต่างประเทศถูกจัดสรร นั่นคือโดยการแปล

Es bien sabido cómo los monjes escribieron vidas tontas de santos católicos sobre manuscritos

เป็นที่ทราบกันดีว่าพระสงฆ์เขียนชีวิตโง่ๆ
ของนักบุญคาทอลิกบนต้นฉบับอย่างไร

los manuscritos sobre los que se habían escrito las obras clásicas del antiguo paganismo

ต้นฉบับที่เขียนผลงานคลาสสิกของศาสนานอกศาสนาโบราณ

Los literatos alemanes invirtieron este proceso con la literatura profana francesa

นักวรรณกรรมชาวเยอรมันพลิกกระบวนการนี้ด้วยวรรณกรรมฝรั่งเศสที่หยาบคาย

Escribieron sus tonterías filosóficas bajo el original francés

พวกเขาเขียนเรื่องไร้สาระทางปรัชญาภายใต้ต้นฉบับภาษาฝรั่งเศส

Por ejemplo, debajo de la crítica francesa a las funciones económicas del dinero, escribieron "Alienación de la humanidad"

ตัวอย่างเช่น

ภายใต้การวิพากษ์วิจารณ์ของฝรั่งเศสเกี่ยวกับหน้าที่ทางเศรษฐกิจของเงิน พวกเขาเขียน "ความแปลกแยกของมนุษยชาติ"

debajo de la crítica francesa al Estado burgués escribieron "destronamiento de la categoría de general"

ภายใต้การวิพากษ์วิจารณ์ของฝรั่งเศสเกี่ยวกับรัฐชนชั้นนายทุนพวกเขาเขียน ว่า "การโค่นล้มบัลลังก์ของหมวดหมู่ของนายพล"

La introducción de estas frases filosóficas en el reverso de las críticas históricas francesas las denominó:

การแนะนำวลีทางปรัชญาเหล่านี้ที่ด้านหลังของการวิพากษ์วิจารณ์ประวัติศา สตร์ฝรั่งเศสที่พวกเขาขนานนามว่า:

"Filosofía de la acción", "Socialismo verdadero", "Ciencia alemana del socialismo", "Fundamentos filosóficos del socialismo", etc

"ปรัชญาแห่งการกระทำ" "สังคมนิยมที่แท้จริง"

"วิทยาศาสตร์สังคมนิยมเยอรมัน" "รากฐานทางปรัชญาของสังคมนิยม" เป็นต้น

De este modo, la literatura socialista y comunista francesa quedó completamente castrada

วรรณกรรมสังคมนิยมและคอมมิวนิสต์ฝรั่งเศสจึงถูกตัดขาดโดยสิ้นเชิง

en manos de los filósofos alemanes dejó de expresar la lucha de una clase con la otra

ในมือของนักปรัชญาชาวเยอรมันมันหยุดแสดงการต่อสู้ของชนชั้นหนึ่งกับอีก ชนชั้นหนึ่ง

y así los filósofos alemanes se sintieron conscientes de haber superado la "unilateralidad francesa"

ดังนั้นนักปรัชญาชาวเยอรมันจึงรู้สึกตระหนักว่าได้เอาชนะ "ความเป็นฝ่ายเดียวของฝรั่งเศส"

no tenía que representar requisitos verdaderos, sino que representaba requisitos de verdad

ไม่จำเป็นต้องเป็นตัวแทนของข้อกำหนดที่แท้จริง

แต่เป็นตัวแทนของข้อกำหนดของความจริง

no había interés en el proletariado, más bien, había interés en la Naturaleza Humana

ไม่มีความสนใจในชนชั้นกรรมาชีพ แต่มีความสนใจในธรรมชาติของมนุษย์

el interés estaba en el Hombre en general, que no pertenece a ninguna clase y no tiene realidad

ความสนใจอยู่ในมนุษย์โดยทั่วไป ซึ่งไม่อยู่ในชนชั้น และไม่มีความเป็นจริง

Un hombre que sólo existe en el brumoso reino de la fantasía filosófica

ชายผู้ดำรงอยู่ในอาณาจักรหมอกของจินตนาการทางปรัชญาเท่านั้น

pero con el tiempo este colegial socialismo alemán también perdió su inocencia pedante

แต่ในที่สุดเด็กนักเรียนคนนี้สังคมนิยมเยอรมันก็สูญเสียความไร้เดียงสาที่อวดอ้าง

la burguesía alemana, y especialmente la burguesía prusiana, lucharon contra la aristocracia feudal

ชนชั้นนายทุนเยอรมันและโดยเฉพาะอย่างยิ่งชนชั้นนายทุนปรัสเซียต่อสู้กับขุนนางศักดินา

la monarquía absoluta de Alemania y Prusia también estaba siendo combatida

ระบอบสมบูรณาญาสิทธิราชย์ของเยอรมนีและปรัสเซียก็ถูกต่อต้านเช่นกัน

Y a su vez, la literatura del movimiento liberal también se hizo más seria

วรรณกรรมของขบวนการเสรีนิยมก็จริงจังมากขึ้นเช่นกัน

Se le ofreció a Alemania la tan deseada oportunidad del "verdadero" socialismo

โอกาสที่เยอรมนีปรารถนามานานสำหรับสังคมนิยม "ที่แท้จริง" ถูกเสนอ

la oportunidad de confrontar al movimiento político con las reivindicaciones socialistas

โอกาสในการเผชิญหน้ากับขบวนการทางการเมืองด้วยข้อเรียกร้องของสังคมนิยม

la oportunidad de lanzar los anatemas tradicionales contra el liberalismo

โอกาสในการโยนคำสาปแช่งแบบดั้งเดิมต่อต้านเสรีนิยม

la oportunidad de atacar al gobierno representativo y a la competencia burguesa

โอกาสในการโจมตีรัฐบาลตัวแทนและการแข่งขันของชนชั้นนายทุน

Libertad de prensa burguesa, Legislación burguesa, Libertad e igualdad burguesa

เสรีภาพของสื่อชนชั้นนายทุน, กฎหมายของชนชั้นนายทุน, เสรีภาพและความเท่าเทียมกันของชนชั้นนายทุน

Todo esto ahora podría ser criticado en el mundo real, en lugar de en la fantasía

ทั้งหมดนี้สามารถวิพากษ์วิจารณ์ได้ในโลกแห่งความเป็นจริงมากกว่าในจินต
นาการ

La aristocracia feudal y la monarquía absoluta habían
predicado durante mucho tiempo a las masas

ขุนนางศักดินาและระบอบสมบูรณาญาสิทธิราชย์ได้เทศนาต่อมวลชนมานาน
แล้ว

"El obrero no tiene nada que perder y tiene todo que ganar"

"คนทำงานไม่มีอะไรจะเสีย และเขามีทุกอย่างที่จะได้"

el movimiento burgués también ofrecía la oportunidad de
hacer frente a estos tópicos

ขบวนการชนชั้นนายทุนยังเสนอโอกาสในการเผชิญหน้ากับคำพูดซ้ำซากเห
ล่านี้

la crítica francesa presuponía la existencia de la sociedad
burguesa moderna

การวิพากษ์วิจารณ์ของฝรั่งเศสสันนิษฐานถึงการดำรงอยู่ของสังคมชนชั้นนา
ยทุนสมัยใหม่

Las condiciones económicas de existencia de la burguesía y
la constitución política de la burguesía

สภาพเศรษฐกิจของการดำรงอยู่ของชนชั้นนายทุนและรัฐธรรมนูญทางการเมื
องของชนชั้นนายทุน

las mismas cosas cuya consecución era el objeto de la lucha
pendiente en Alemania

สิ่งที่บรรลุเป้าหมายของการต่อสู้ที่รอดำเนินการในเยอรมนี

El estúpido eco del socialismo alemán abandonó estos
objetivos justo a tiempo

เสียงสะท้อนที่โง่เขลาของสังคมนิยมของเยอรมนีละทิ้งเป้าหมายเหล่านี้ในเวลา
อันรวดเร็ว

Los gobiernos absolutos tenían sus seguidores de párrocos,
profesores, escuderos y funcionarios

รัฐบาลสมบูรณาญาสิทธิราชย์มีผู้ติดตาม Parsons ศาสตราจารย์ Squires
และเจ้าหน้าที่ในชนบท

el gobierno de la época se enfrentó a los levantamientos de
la clase obrera alemana con azotes y balas

รัฐบาลในขณะนั้นพบกับการลุกฮือของชนชั้นแรงงานเยอรมันด้วยการเฆี่ยนตี
และกระสุน

para ellos este socialismo servía de espantapájaros contra la
burguesía amenazadora

สำหรับพวกเขาสังคมนิยมนี้ทำหน้าที่เป็นหุ่นไล่กาต้อนรับชนชั้นนายทุนที่คุกคาม

y el gobierno alemán pudo ofrecer un postre dulce después de las píldoras amargas que repartió

และรัฐบาลเยอรมันสามารถเสนอขนมหวานได้หลังจากยาขมที่แจกให้

este "verdadero" socialismo servía así a los gobiernos como arma para combatir a la burguesía alemana

สังคมนิยม "ที่แท้จริง"

นี้จึงทำหน้าที่รัฐบาลเป็นอาวุธในการต่อสู้กับชนชั้นนายทุนเยอรมัน

y, al mismo tiempo, representaba directamente un interés reaccionario; la de los filisteos alemanes

และในขณะเดียวกันก็แสดงถึงผลประโยชน์เชิงปฏิกิริยาโดยตรงของชาวฟิลิสเตียเยอรมัน

En Alemania, la pequeña burguesía es la verdadera base social del actual estado de cosas

ในเยอรมนีชนชั้นนายทุนเล็กเป็นพื้นฐานทางสังคมที่แท้จริงของสภาวะที่มีอยู่

Una reliquia del siglo XVI que ha ido surgiendo constantemente bajo diversas formas

วัตถุโบราณของศตวรรษที่สิบหกที่เกิดขึ้นอย่างต่อเนื่องภายใต้รูปแบบต่างๆ

Preservar esta clase es preservar el estado de cosas existente en Alemania

การรักษาชนชั้นนี้คือการรักษาสถานะที่มีอยู่ของสิ่งต่าง ๆ ในเยอรมนี

La supremacía industrial y política de la burguesía amenaza a la pequeña burguesía con una destrucción segura

อำนาจสูงสุดทางอุตสาหกรรมและการเมืองของชนชั้นนายทุนคุกคามชนชั้นนายทุนเล็กด้วยการทำลายล้างบางอย่าง

por un lado, amenaza con destruir a la pequeña burguesía a través de la concentración del capital

ในแง่หนึ่งมันขู่ว่าจะทำลายชนชั้นนายทุนเล็ก ๆ ผ่านการกระจุกตัวของทุน

por otra parte, la burguesía amenaza con destruirla mediante el ascenso de un proletariado revolucionario

ในทางกลับกันชนชั้นนายทุนขู่ว่าจะทำลายมันผ่านการเพิ่มขึ้นของชนชั้นกรรมาชีพปฏิวัติ

El "verdadero" socialismo parecía matar estos dos pájaros de un tiro. Se extendió como una epidemia

สังคมนิยม "ที่แท้จริง" ดูเหมือนจะฆ่านกสองตัวนี้ด้วยหินก้อนเดียว

มันแพร่กระจายเหมือนโรคระบาด

El manto de telarañas especulativas, bordado con flores de retórica, empapado en el rocío de un sentimiento enfermizo

เสื้อคลุมใยแมงมุมที่คาดเดาปักด้วยดอกไม้แห่งวาทศิลป์ที่แช่อยู่ในน้ำค้างของความรู้สึกที่ป่วย

esta túnica trascendental en la que los socialistas alemanes envolvían sus tristes "verdades eternas"

เสื้อคลุมเหนือธรรมชาติที่นักสังคมนิยมเยอรมันห่อหุ้ม "ความจริงนิรันดร์" ที่น่าเสียใจของพวกเขา

toda la piel y los huesos, sirvieron para aumentar maravillosamente la venta de sus productos entre un público tan

ผิวหนังและกระดูกทั้งหมดทำหน้าที่เพิ่มยอดขายสินค้าของพวกเขาในหมู่ประชาชนอย่างน่าอัศจรรย์

Y por su parte, el socialismo alemán reconocía, cada vez más, su propia vocación

และในส่วนของสังคมนิยมเยอรมันก็ตระหนักถึงการเรียกร้องของตัวเองมากขึ้นเรื่อยๆ

estaba llamado a ser el grandilocuente representante de la pequeña burguesía filistea

มันถูกเรียกให้เป็นตัวแทนที่โอ้อวดของชนชั้นนายทุนฟิลิสเตีย

Proclamaba que la nación alemana era la nación modelo, y que el pequeño filisteo alemán era el hombre modelo

ประกาศว่าประเทศเยอรมันเป็นประเทศต้นแบบ
และชาวฟิลิสเตียตัวน้อยชาวเยอรมันเป็นชายต้นแบบ

A cada maldad malvada de este hombre modelo le daba una interpretación socialista oculta y superior

สำหรับทุกความชั่วร้ายของชายนางแบบคนนี้
มันให้การตีความสังคมนิยมที่ซ่อนอยู่และสูงขึ้น

esta interpretación socialista superior era exactamente lo contrario de su carácter real

การตีความสังคมนิยมที่สูงขึ้นนี้ตรงกันข้ามกับลักษณะที่แท้จริงของมัน

Llegó al extremo de oponerse directamente a la tendencia "brutalmente destructiva" del comunismo

มันยาวสุดขีดในการต่อต้านแนวโน้ม "ทำลายล้างอย่างโหดเหี้ยม" ของลัทธิคอมมิวนิสต์โดยตรง

y proclamó su supremo e imparcial desprecio de todas las luchas de clases

และประกาศการดูหมิ่นสูงสุดและเป็นกลางต่อการต่อสู้ทางชนชั้นทั้งหมด

Con muy pocas excepciones, todas las publicaciones llamadas socialistas y comunistas que ahora (1847) circulan en Alemania pertenecen al dominio de esta literatura sucia y enervante

สิ่งพิมพ์ที่เรียกว่าสังคมนิยมและคอมมิวนิสต์ทั้งหมดที่เผยแพร่ในเยอรมนีในปัจจุบัน (พ.ศ. 2390)

อยู่ในขอบเขตของวรรณกรรมที่เหม็นและกระปรี้กระเปร่านี้

2) Socialismo conservador o socialismo burgués

2) สังคมนิยมอนุรักษ์นิยมหรือสังคมนิยมชนชั้นกลาง

Una parte de la burguesía está deseosa de reparar los agravios sociales

ส่วนหนึ่งของชนชั้นนายทุนปรารถนาที่จะแก้ไขความคับข้องใจทางสังคม

con el fin de asegurar la continuidad de la sociedad burguesa

เพื่อรักษาการดำรงอยู่อย่างต่อเนื่องของสังคมชนชั้นนายทุน

A esta sección pertenecen economistas, filántropos, humanistas

ในส่วนนี้เป็นของนักเศรษฐศาสตร์ผู้ใจบุญนักมนุษยธรรม

mejoradores de la condición de la clase obrera y organizadores de la caridad

ผู้ปรับปรุงสภาพของชนชั้นแรงงานและผู้จัดงานการกุศล

Miembros de las Sociedades para la Prevención de la Crueldad contra los Animales

สมาชิกของสมาคมเพื่อการป้องกันการทานาสัตว์

fanáticos de la templanza, reformadores de todo tipo imaginable

ผู้คลั่งไคล้ความอดทน

นักปฏิรูปแบบหลุมและมุมทุกประเภทเท่าที่จะจินตนาการได้

Esta forma de socialismo, además, ha sido elaborada en sistemas completos

ยิ่งไปกว่านั้นรูปแบบของสังคมนิยมนี้ยังถูกนำมาใช้เป็นระบบที่สมบูรณ์

Podemos citar la "Philosophie de la Misère" de Proudhon como ejemplo de esta forma

เราอาจอ้างถึง "Philosophie de la Misère" ของ Proudhon เป็นตัวอย่างของรูปแบบนี้

La burguesía socialista quiere todas las ventajas de las condiciones sociales modernas

ชนชั้นนายทุนสังคมนิยมต้องการข้อได้เปรียบทั้งหมดของสภาพสังคมสมัยใหม่

pero la burguesía socialista no quiere necesariamente las luchas y los peligros resultantes

แต่ชนชั้นนายทุนสังคมนิยมไม่จำเป็นต้องต้องการการต่อสู้และอันตรายที่เกิดขึ้น

Desean el estado actual de la sociedad, menos sus elementos revolucionarios y desintegradores

พวกเขาปรารถนาสภาวะที่มีอยู่ของสังคม
ลบองศ์ประกอบการปฏิวัติและการสลายตัว

en otras palabras, desean una burguesía sin proletariado

กล่าวอีกนัยหนึ่งพวกเขาปรารถนาให้ชนชั้นนายทุนปราศจากชนชั้นกรรมาชี
พ

La burguesía concibe naturalmente el mundo en el que es supremo ser el mejor

ชนชั้นนายทุนคิดโลกที่มันสูงสุดเป็นสิ่งที่ดีที่สุดโดยธรรมชาติ

y el socialismo burgués desarrolla esta cómoda concepción en varios sistemas más o menos completos

และสังคมนิยมชนชั้นนายทุนพัฒนาแนวคิดที่สะดวกสบายนี้ให้เป็นระบบต่างๆ
ที่สมบูรณ์ไม่มากก็น้อย

les gustaría mucho que el proletariado marchara directamente hacia la Nueva Jerusalén social

พวกเขาต้องการให้ชนชั้นกรรมาชีพเดินขบวนเข้าสู่เยรูซาเล็มใหม่ทางสังคม

pero en realidad requiere que el proletariado permanezca dentro de los límites de la sociedad existente

แต่ในความเป็นจริงมันต้องการให้ชนชั้นกรรมาชีพอยู่ในขอบเขตของสังคมที่
มีอยู่

piden al proletariado que abandone todas sus ideas odiosas sobre la burguesía

พวกเขาขอให้ชนชั้นกรรมาชีพทิ้งความคิดที่น่าเกลียดชังทั้งหมดเกี่ยวกับชน
ชั้นนายทุน

hay una segunda forma más práctica, pero menos sistemática, de este socialismo

มีรูปแบบที่สองที่ใช้งานได้จริงมากกว่า แต่เป็นระบบน้อยกว่าของสังคมนิยมนี้

Esta forma de socialismo buscaba despreciar todo movimiento revolucionario a los ojos de la clase obrera

สังคมนิยมรูปแบบนี้พยายามที่จะลดคุณค่าของขบวนการปฏิวัติทั้งหมดในสา
ยตาของชนชั้นแรงงาน

Argumentan que ninguna mera reforma política podría ser ventajosa para ellos

พวกเขาโต้แย้งว่าไม่มีการปฏิรูปการเมืองเพียงอย่างเดียวที่จะเป็นประโยชน์ต่อ
พวกเขา

Sólo un cambio en las condiciones materiales de existencia en las relaciones económicas es beneficioso

การเปลี่ยนแปลงเงื่อนไขทางวัตถุของการดำรงอยู่ในความสัมพันธ์ทางเศรษฐ กิจเท่านั้นที่เป็นประโยชน์

Al igual que el comunismo, esta forma de socialismo aboga por un cambio en las condiciones materiales de existencia

เช่นเดียวกับลัทธิคอมมิวนิสต์
สังคมนิยมรูปแบบนี้สนับสนุนการเปลี่ยนแปลงสภาพทางวัตถุของการดำรงอยู่

sin embargo, esta forma de socialismo no sugiere en modo alguno la abolición de las relaciones de producción burguesas

อย่างไรก็ตาม
รูปแบบของสังคมนิยมนี้ไม่ได้บ่งบอกถึงการยกเลิกความสัมพันธ์การผลิตของ ชนชั้นนายทุน

la abolición de las relaciones de producción burguesas sólo puede lograrse mediante una revolución

การยกเลิกความสัมพันธ์การผลิตของชนชั้นนายทุนสามารถทำได้ผ่านการป ฏิวัติเท่านั้น

Pero en lugar de una revolución, esta forma de socialismo sugiere reformas administrativas

แต่แทนที่จะเป็นการปฏิวัติสังคมนิยมรูปแบบนี้แนะนำการปฏิรูปการบริหาร

y estas reformas administrativas se basarían en la continuidad de estas relaciones

และการปฏิรูปการบริหารเหล่านี้จะขึ้นอยู่กับการดำรงอยู่อย่างต่อเนื่องของควา มสัมพันธ์เหล่านี้

reformas, por lo tanto, que no afectan en ningún aspecto a las relaciones entre el capital y el trabajo

การปฏิรูปจึงไม่ส่งผลกระทบต่อความสัมพันธ์ระหว่างทุนและแรงงาน

en el mejor de los casos, tales reformas disminuyen el costo y simplifican el trabajo administrativo del gobierno burgués

การปฏิรูปดังกล่าวช่วยลดต้นทุนและทำให้งานธุรการของรัฐบาลชนชั้นนายทุ นง่ายขึ้น

El socialismo burgués alcanza una expresión adecuada cuando, y sólo cuando, se convierte en una mera figura retórica

สังคมนิยมชนชั้นกลางบรรลุการแสดงออกที่เพียงพอเมื่อและเมื่อมันกลายเป็น เพียงอุปมาของคำพูด

Libre comercio: en beneficio de la clase obrera

การค้าเสรี: เพื่อประโยชน์ของชนชั้นแรงงาน

Deberes protectores: en beneficio de la clase obrera

หน้าที่ป้องกัน: เพื่อประโยชน์ของชนชั้นแรงงาน

Reforma Penitenciaria: en beneficio de la clase trabajadora

การปฏิรูปเรือนจำ: เพื่อประโยชน์ของชนชั้นแรงงาน

Esta es la última palabra y la única palabra seria del socialismo burgués

นี่คือคำสุดท้ายและเป็นคำเดียวที่มีความหมายอย่างจริงจังของสังคมนิยมชนชั้นนายทุน

Se resume en la frase: la burguesía es una burguesía en beneficio de la clase obrera

สรุปได้ในวลี:

ชนชั้นนายทุนเป็นชนชั้นนายทุนเพื่อประโยชน์ของชนชั้นแรงงาน

3) Socialismo crítico-utópico y comunismo

3) สังคมนิยมและคอมมิวนิสต์เชิงวิพากษ์วิจารณ์ยูโทเปีย

No nos referimos aquí a esa literatura que siempre ha dado voz a las reivindicaciones del proletariado

ในที่นี้เราไม่ได้อ้างถึงวรรณกรรมที่ให้เสียงต่อข้อเรียกร้องของชนชั้นกรรมาชี พมาโดยตลอด

esto ha estado presente en todas las grandes revoluciones modernas, como los escritos de Babeuf y otros

สิ่งนี้มีอยู่ในการปฏิวัติสมัยใหม่ที่ยิ่งใหญ่ทุกครั้ง เช่น งานเขียนของ Babeuf และคนอื่น ๆ

Las primeras tentativas directas del proletariado para alcanzar sus propios fines fracasaron necesariamente

ความพยายามโดยตรงครั้งแรกของชนชั้นกรรมาชีพในการบรรลุเป้าหมายขอ งตนเองจำเป็นต้องล้มเหลว

Estos intentos se hicieron en tiempos de excitación universal, cuando la sociedad feudal estaba siendo derrocada

ความพยายามเหล่านี้เกิดขึ้นในช่วงเวลาแห่งความตื่นเต้นสากลเมื่อสังคมศัก ดินาถูกโค่นล้ม

El entonces subdesarrollado del proletariado llevó a que fracasaran esos intentos

รัฐชนชั้นกรรมาชีพที่ยังไม่พัฒนาในขณะนั้นนำไปสู่ความพยายามเหล่านั้นล้ มเหลว

y fracasaron por la ausencia de las condiciones económicas para su emancipación

และพวกเขาล้มเหลวเนื่องจากไม่มีเงื่อนไขทางเศรษฐกิจสำหรับการปลดปล่อย

condiciones que aún no se habían producido, y que sólo podían ser producidas por la inminente época de la burguesía

เงื่อนไขที่ยังไม่ได้เกิดขึ้น

และสามารถผลิตได้โดยยุคชนชั้นนายทุนที่กำลังจะมาถึงเพียงอย่างเดียว

La literatura revolucionaria que acompañó a estos primeros movimientos del proletariado tuvo necesariamente un carácter reaccionario

วรรณกรรมปฏิวัติที่มาพร้อมกับขบวนการแรกของชนชั้นกรรมาชีพเหล่านี้จำ เป็นต้องมีลักษณะปฏิกิริยา

Esta literatura inculcó el ascetismo universal y la nivelación social en su forma más cruda

วรรณกรรมนี้ปลูกฝังการบำเพ็ญตบะสากลและการปรับระดับทางสังคมในรูปแบบที่หยาบคายที่สุด

Los sistemas socialista y comunista, propiamente dichos, surgen en el período temprano no desarrollado

ระบบสังคมนิยมและคอมมิวนิสต์ที่เรียกว่าอย่างถูกต้องเกิดขึ้นในช่วงต้นที่ยังไม่พัฒนา

Saint-Simon, Fourier, Owen y otros, describieron la lucha entre el proletariado y la burguesía (ver sección 1)

Saint-Simon, Fourier, Owen และคนอื่น ๆ อธิบายการต่อสู้ระหว่างชนชั้นกรรมาชีพและชนชั้นนายทุน (ดูหัวข้อ 1)

Los fundadores de estos sistemas ven, en efecto, los antagonismos de clase

ผู้ก่อตั้งระบบเหล่านี้เห็นความเป็นปฏิปักษ์ทางชนชั้นอย่างแท้จริง

también ven la acción de los elementos en descomposición, en la forma predominante de la sociedad

พวกเขายังเห็นการกระทำขององค์ประกอบที่สลายตัวในรูปแบบที่แพร่หลายของสังคม

Pero el proletariado, todavía en su infancia, les ofrece el espectáculo de una clase sin ninguna iniciativa histórica

แต่ชนชั้นกรรมาชีพซึ่งยังอยู่ในช่วงเริ่มต้น ให้พวกเขาเห็นปรากฏการณ์ของชนชั้นที่ไม่มีความคิดริเริ่มทางประวัติศาสตร์ใด ๆ

Ven el espectáculo de una clase social sin ningún movimiento político independiente

พวกเขาเห็นปรากฏการณ์ของชนชั้นทางสังคมที่ไม่มีการเคลื่อนไหวทางการเมืองที่เป็นอิสระ

El desarrollo del antagonismo de clase sigue el mismo ritmo que el desarrollo de la industria

การพัฒนาความเป็นปฏิปักษ์ทางชนชั้นก้าวทันการพัฒนาอุตสาหกรรม

De modo que la situación económica no les ofrece todavía las condiciones materiales para la emancipación del proletariado

ดังนั้นสถานการณ์ทางเศรษฐกิจจึงยังไม่ได้เสนอเงื่อนไขทางวัตถุสำหรับการปลดปล่อยชนชั้นกรรมาชีพ

Por lo tanto, buscan una nueva ciencia social, nuevas leyes
sociales, que creen estas condiciones

ดังนั้นพวกเขาจึงค้นหาสังคมศาสตร์ใหม่ตามกฎทางสังคมใหม่ที่จะสร้างเงื่อนไ
ขเหล่านี้

acción histórica es ceder a su acción inventiva personal

การกระทำทางประวัติศาสตร์คือการยอมจำนนต่อการกระทำที่สร้างสรรค์ส่วน
บุคคลของพวกเขา

Las condiciones de emancipación creadas históricamente
han de ceder ante condiciones fantásticas

เงื่อนไขการปลดปล่อยที่สร้างขึ้นในอดีตคือการยอมจำนนต่อเงื่อนไขที่ยอดเยี่
ยม

y la organización gradual y espontánea de clase del
proletariado debe ceder ante la organización de la sociedad

และการจัดระเบียบชนชั้นอย่างค่อยเป็นค่อยไปและเป็นธรรมชาติของชนชั้นก
รรมาชีพคือการยอมจำนนต่อองค์กรของสังคม

la organización de la sociedad especialmente ideada por
estos inventores

องค์กรของสังคมที่ประดิษฐ์ขึ้นเป็นพิเศษโดยนักประดิษฐ์เหล่านี้

La historia futura se resuelve, a sus ojos, en la propaganda y
en la realización práctica de sus planes sociales

ประวัติศาสตร์ในอนาคตแก้ไขตัวเองในสายตาของพวกเขาในการโฆษณาชว
นเชื่อและการดำเนินการตามแผนทางสังคมของพวกเขาในทางปฏิบัติ

En la formación de sus planes son conscientes de
preocuparse principalmente por los intereses de la clase
obrera

ในการก่อตัวของแผนของพวกเขาพวกเขามีจิตสำนึกในการดูแลผลประโยชน์
ของชนชั้นแรงงานเป็นหลัก

Sólo desde el punto de vista de ser la clase más sufriente
existe el proletariado para ellos

จากมุมมองของการเป็นชนชั้นกรรมาชีพที่ทุกข์ทรมานที่สุดเท่านั้นที่ชนชั้นก
รรมาชีพดำรงอยู่เพื่อพวกเขา

El estado subdesarrollado de la lucha de clases y su propio
entorno informan sus opiniones

สภาวะที่ยังไม่พัฒนาของการต่อสู้ทางชนชั้นและสภาพแวดล้อมของพวกเขาเ
องแจ้งความคิดเห็นของพวกเขา

Los socialistas de este tipo se consideran muy superiores a
todos los antagonismos de clase

นักสังคมนิยมประเภทนี้คิดว่าตัวเองเหนือกว่าความเป็นปฏิปักษ์ทางชนชั้นทั้ง
หมด

Quieren mejorar la condición de todos los miembros de la
sociedad, incluso la de los más favorecidos

พวกเขาต้องการปรับปรุงสภาพของสมาชิกทุกคนในสังคม
แม้กระทั่งสภาพของคนที่ชื่นชอบที่สุด

De ahí que habitualmente atraigan a la sociedad en general,
sin distinción de clase

ดังนั้นพวกเขาจึงดึงดูดสังคมโดยรวมเป็นนิสัยโดยไม่แบ่งแยกชนชั้น

Es más, apelan a la sociedad en general con preferencia a la
clase dominante

ไม่ พวกเขาดึงดูดสังคมโดยรวมโดยชอบชนชั้นปกครอง

Para ellos, todo lo que se requiere es que los demás
entiendan su sistema

สำหรับพวกเขาสิ่งที่พวกเขาต้องการคือให้ผู้อื่นเข้าใจระบบของพวกเขา

Porque, ¿cómo puede la gente no ver que el mejor plan
posible es para el mejor estado posible de la sociedad?

เพราะผู้คนจะล้มเหลวในการมองว่าแผนที่ดีที่สุดเท่าที่จะเป็นไปได้คือเพื่อสภา
วะที่ดีที่สุดของสังคมได้อย่างไร?

Por lo tanto, rechazan toda acción política, y especialmente
toda acción revolucionaria

ดังนั้นพวกเขาจึงปฏิเสธการกระทำทางการเมืองทั้งหมด
และโดยเฉพาะอย่างยิ่งการปฏิวัติทั้งหมด

desean alcanzar sus fines por medios pacíficos

พวกเขาปรารถนาที่จะบรรลุจุดจบของตนด้วยวิธีสันติ

se esfuerzan, mediante pequeños experimentos, que están
necesariamente condenados al fracaso

พวกเขาพยายามโดยการทดลองเล็กๆ น้อยๆ
ซึ่งจำเป็นต้องถึงวาระที่จะล้มเหลว

y con la fuerza del ejemplo tratan de abrir el camino al
nuevo Evangelio social

และด้วยพลังของตัวอย่างพวกเขาพยายามปูทางไปสู่พระกิตติคุณทางสังคมให
ม่

Cuadros tan fantásticos de la sociedad futura, pintados en un
momento en que el proletariado se encuentra todavía en un
estado muy subdesarrollado

ภาพมหัศจรรย์ของสังคมในอนาคต
วาดในช่วงเวลาที่ชนชั้นกรรมาชีพยังอยู่ในสถานะที่ยังไม่พัฒนามาก
y todavía no tiene más que una concepción fantástica de su propia posición
และมันยังคงมีเพียงแนวคิดที่น่าอัศจรรย์เกี่ยวกับตำแหน่งของตัวเอง
pero sus primeros anhelos instintivos corresponden a los anhelos del proletariado
แต่ความปรารถนาโดยสัญชาตญาณแรกของพวกเขาสอดคล้องกับความปรารถนาของชนชั้นกรรมาชีพ
Ambos anhelan una reconstrucción general de la sociedad
ทั้งคู่โหยหาการฟื้นฟูสังคมโดยทั่วไป
Pero estas publicaciones socialistas y comunistas también contienen un elemento crítico
แต่สิ่งพิมพ์สังคมนิยมและคอมมิวนิสต์เหล่านี้ก็มีองค์ประกอบที่สำคัญเช่นกัน
Atacan todos los principios de la sociedad existente
พวกเขาโจมตีทุกหลักการของสังคมที่มีอยู่
De ahí que estén llenos de los materiales más valiosos para la ilustración de la clase obrera
ดังนั้นพวกเขาจึงเต็มไปด้วยวัสดุที่มีค่าที่สุดสำหรับการตรัสรู้ของชนชั้นแรงงาน
Proponen la abolición de la distinción entre la ciudad y el campo, y la familia
พวกเขาเสนอให้ยกเลิกความแตกต่างระหว่างเมืองและชนบทและครอบครัว
la supresión de la explotación de industrias por cuenta de los particulares
การยกเลิกการดำเนินอุตสาหกรรมเพื่อบัญชีของเอกชน
y la abolición del sistema salarial y la proclamación de la armonía social
และการยกเลิกระบบค่าจ้างและการประกาศความสามัคคีทางสังคม
la conversión de las funciones del Estado en una mera superintendencia de la producción
การเปลี่ยนหน้าที่ของรัฐเป็นเพียงการกำกับดูแลการผลิต
Todas estas propuestas, apuntan únicamente a la desaparición de los antagonismos de clase
ข้อเสนอทั้งหมดนี้ชี้ให้เห็นถึงการหายไปของความเป็นปฏิปักษ์ทางชนชั้นเท่านั้น

Los antagonismos de clase estaban, en ese momento, apenas surgiendo

ความเป็นปฏิปักษ์ทางชนชั้นในเวลานั้นเพิ่งเกิดขึ้น

En estas publicaciones estos antagonismos de clase se reconocen sólo en sus formas más tempranas, indistintas e indefinidas

ในสิ่งพิมพ์เหล่านี้ความเป็นปฏิปักษ์ทางชนชั้นเหล่านี้ได้รับการยอมรับในรูปแบบที่เก่าแก่ที่สุดไม่ชัดเจนและไม่ได้กำหนดไว้เท่านั้น

Estas propuestas, por lo tanto, son de carácter puramente utópico

ข้อเสนอเหล่านี้จึงมีลักษณะยูโทเปียล้วนๆ

La importancia del socialismo crítico-utópico y del comunismo guarda una relación inversa con el desarrollo histórico

ความสำคัญของลัทธิสังคมนิยมและคอมมิวนิสต์เชิงวิพากษ์มีความสัมพันธ์ผกผันกับการพัฒนาทางประวัติศาสตร์

La lucha de clases moderna se desarrollará y continuará tomando forma definitiva

การต่อสู้ทางชนชั้นสมัยใหม่จะพัฒนาและยังคงเป็นรูปเป็นร่างที่ชัดเจน

Esta fantástica posición del concurso perderá todo valor práctico

สถานะที่ยอดเยี่ยมจากการแข่งขันนี้จะสูญเสียคุณค่าในทางปฏิบัติทั้งหมด

Estos fantásticos ataques a los antagonismos de clase perderán toda justificación teórica

การโจมตีอันน่าอัศจรรย์เหล่านี้ต่อความเป็นปฏิปักษ์ทางชนชั้นจะสูญเสียเหตุผลทางทฤษฎีทั้งหมด

Los creadores de estos sistemas fueron, en muchos aspectos, revolucionarios

ผู้ริเริ่มระบบเหล่านี้เป็นการปฏิวัติในหลาย ๆ ด้าน

pero sus discípulos han formado, en todos los casos, meras sectas reaccionarias

แต่สาวกของพวกเขาได้ก่อตั้งนิกายปฏิกิริยาในทุกกรณี

Se aferran firmemente a los puntos de vista originales de sus amos

พวกเขายึดมั่นในมุมมองดั้งเดิมของเจ้านายอย่างแน่นหนา

Pero estos puntos de vista se oponen al desarrollo histórico progresivo del proletariado

แต่มุมมองเหล่านี้ตรงกันข้ามกับการพัฒนาทางประวัติศาสตร์ที่ก้าวหน้าของช
นชั้นกรรมาชีพ

Por lo tanto, se esfuerzan, y eso de manera consecuente, por
amortiguar la lucha de clases

ดังนั้นพวกเขาจึงพยายามและอย่างสม่ำเสมอเพื่อทำให้การต่อสู้ทางชนชั้นตา
ย

y se esfuerzan constantemente por reconciliar los
antagonismos de clase

และพวกเขาพยายามอย่างสม่ำเสมอที่จะประนีประนอมความเป็นปฏิปักษ์ทางช
นชั้น

Todavía sueñan con la realización experimental de sus
utopías sociales

พวกเขายังคงใฝ่ฝันที่จะทดลองตระหนักถึงยูโทเปียทางสังคมของพวกเขา

todavía sueñan con fundar "falansterios" aislados y
establecer "colonias domésticas"

พวกเขายังคงใฝ่ฝันที่จะก่อตั้ง "ฟาลันสเตอร์" ที่โดดเดี่ยวและก่อตั้ง
"อาณานิคมบ้านเกิด"

sueñan con establecer una "Pequeña Icaria": ediciones
duodécimas de la Nueva Jerusalén

พวกเขาใฝ่ฝันที่จะจัดตั้ง "Little Icaria"
ซึ่งเป็นรุ่นสองฉบับของเยรูซาเล็มใหม่

y sueñan con realizar todos estos castillos en el aire

และพวกเขาใฝ่ฝันที่จะตระหนักถึงปราสาทเหล่านี้ทั้งหมดในอากาศ

se ven obligados a apelar a los sentimientos y a las carteras
de los burgueses

พวกเขาถูกบังคับให้ดึงดูดความรู้สึกและกระเป๋าเงินของชนชั้นนายทุน

Poco a poco se hunden en la categoría de los socialistas
conservadores reaccionarios descritos anteriormente

พวกเขาจมลงไปในหมวดหมู่ของนักสังคมนิยมอนุรักษ์นิยมปฏิกิริยาที่ปรากฏ
ข้างต้น

sólo se diferencian de ellos por una pedantería más
sistemática

พวกเขาแตกต่างจากสิ่งเหล่านี้โดยอวดอ้างอย่างเป็นระบบมากขึ้น

y se diferencian por su creencia fanática y supersticiosa en
los efectos milagrosos de su ciencia social

และพวกเขาแตกต่างกันด้วยความเชื่อที่คลั่งไคล้และไสยศาสตร์ในผลอัศจรรย์
ของสังคมศาสตร์ของพวกเขา

Por lo tanto, se oponen violentamente a toda acción política por parte de la clase obrera

ดังนั้นพวกเขาจึงต่อต้านการกระทำทางการเมืองทั้งหมดในส่วนของชนชั้นแรงงานอย่างรุนแรง

tal acción, según ellos, sólo puede ser el resultado de una ciega incredulidad en el nuevo Evangelio

การกระทำดังกล่าวอาจเป็นผลมาจากความไม่เชื่อในพระกิตติคุณใหม่อย่างมืดบอดเท่านั้น

Los owenistas en Inglaterra y los fourieristas en Francia, respectivamente, se oponen a los cartistas y a los reformistas

ชาวโอเวนต์ในอังกฤษและฟูริเยร์ในฝรั่งเศสตามลำดับต่อต้าน Chartists และ "Réformistes"

Posición de los comunistas en relación con los diversos partidos de oposición existentes

จุดยืนของคอมมิวนิสต์ที่เกี่ยวข้องกับพรรคฝ่ายค้านที่มีอยู่ต่างๆ

La sección II ha dejado claras las relaciones de los comunistas con los partidos obreros existentes

ส่วนที่ 2
ได้ชี้แจงความสัมพันธ์ของคอมมิวนิสต์กับพรรคชนชั้นแรงงานที่มีอยู่อย่างชัดเจน

como los cartistas en Inglaterra y los reformadores agrarios en América

เช่น Chartists ในอังกฤษ และนักปฏิรูปเกษตรกรรมในอเมริกา

Los comunistas luchan por el logro de los objetivos inmediatos

คอมมิวนิสต์ต่อสู้เพื่อให้บรรลุเป้าหมายในทันที

Luchan por la imposición de los intereses momentáneos de la clase obrera

พวกเขาต่อสู้เพื่อบังคับใช้ผลประโยชน์ชั่วขณะของชนชั้นแรงงาน

Pero en el movimiento político del presente, también representan y cuidan el futuro de ese movimiento

แต่ในขบวนการทางการเมืองในปัจจุบัน
พวกเขายังเป็นตัวแทนและดูแลอนาคตของขบวนการนั้น

En Francia, los comunistas se alían con los socialdemócratas

ในฝรั่งเศสคอมมิวนิสต์เป็นพันธมิตรกับพรรคสังคมประชาธิปไตย

y se posicionan contra la burguesía conservadora y radical

และพวกเขาวางตำแหน่งตัวเองต่อต้านชนชั้นนายทุนอนุรักษ์นิยมและหัวรุนแรง

sin embargo, se reservan el derecho de tomar una posición crítica respecto de las frases e ilusiones tradicionalmente transmitidas desde la gran Revolución

อย่างไรก็ตาม
พวกเขาขอสงวนสิทธิ์ในการดำรงตำแหน่งที่สำคัญเกี่ยวกับวลีและภาพลวงตาที่สืบทอดมาจากการปฏิวัติครั้งใหญ่

En Suiza apoyan a los radicales, sin perder de vista que este partido está formado por elementos antagónicos

ในสวิตเซอร์แลนด์พวกเขาสนับสนุน Radicals
โดยไม่มองข้ามความจริงที่ว่าพรรคนี้ประกอบด้วยองค์ประกอบที่เป็นปฏิปักษ์

en parte de los socialistas democráticos, en el sentido francés, en parte de la burguesía radical

ส่วนหนึ่งของสังคมนิยมประชาธิปไตยในความหมายของฝรั่งเศสส่วนหนึ่งของชนชั้นนายทุนหัวรุนแรง

En Polonia apoyan al partido que insiste en la revolución agraria como condición primordial para la emancipación nacional

ในโปแลนด์พวกเขาสนับสนุนพรรคที่ยืนกรานให้มีการปฏิวัติเกษตรกรรมเป็นเงื่อนไขหลักสำหรับการปลดปล่อยชาติ

el partido que fomentó la insurrección de Cracovia en 1846

พรรคที่ยุยงให้เกิดการจลาจลของคราคูฟในปี พ.ศ. 2389

En Alemania luchan con la burguesía cada vez que ésta actúa de manera revolucionaria

ในเยอรมนีพวกเขาต่อสู้กับชนชั้นนายทุนเมื่อใดก็ตามที่กระทำการในลักษณะปฏิวัติ

contra la monarquía absoluta, la nobleza feudal y la pequeña burguesía

ต่อต้านระบอบสมบูรณาญาสิทธิราชย์ Squirearcy ศักดินา และชนชั้นนายทุนขนาดเล็ก

Pero no cesan, ni por un solo instante, de inculcar en la clase obrera una idea particular

แต่พวกเขาไม่เคยหยุดที่จะปลูกฝังความคิดเฉพาะอย่างหนึ่งให้กับชนชั้นแรงงานแม้แต่ชั่วขณะเดียว

el reconocimiento más claro posible del antagonismo hostil entre la burguesía y el proletariado

การรับรู้ที่ชัดเจนที่สุดเท่าที่จะเป็นไปได้ของความเป็นปฏิปักษ์ที่เป็นศัตรูระหว่างชนชั้นนายทุนและชนชั้นกรรมาชีพ

para que los obreros alemanes puedan utilizar inmediatamente las armas de que disponen

เพื่อให้คนงานเยอรมันสามารถใช้อาวุธได้ทันที

las condiciones sociales y políticas que la burguesía debe introducir necesariamente junto con su supremacía

เงื่อนไขทางสังคมและการเมืองที่ชนชั้นนายทุนจำเป็นต้องแนะนำพร้อมกับอำนาจสูงสุดของมัน

la caída de las clases reaccionarias en Alemania es inevitable

การล่มสลายของชนชั้นปฏิกิริยาในเยอรมนีเป็นสิ่งที่หลีกเลี่ยงไม่ได้

y entonces la lucha contra la burguesía misma puede comenzar inmediatamente

จากนั้นการต่อสู้กับชนชั้นนายทุนเองก็อาจเริ่มต้นขึ้นทันที

Los comunistas dirigen su atención principalmente a Alemania, porque este país está en vísperas de una revolución burguesa

คอมมิวนิสต์หันมาสนใจเยอรมนีเป็นหลัก
เพราะประเทศนั้นอยู่ในช่วงก่อนการปฏิวัติชนชั้นนายทุน

una revolución que está destinada a llevarse a cabo en las condiciones más avanzadas de la civilización europea

การปฏิวัติที่จะต้องดำเนินการภายใต้เงื่อนไขที่ก้าวหน้ากว่าของอารยธรรมยุโรป

y está destinado a llevarse a cabo con un proletariado mucho más desarrollado

และมันจะต้องดำเนินการกับชนชั้นกรรมาชีพที่พัฒนาขึ้นมาก

un proletariado más avanzado que el de Inglaterra en el XVII y el de Francia en el siglo XVIII

ชนชั้นกรรมาชีพที่ก้าวหน้ากว่าอังกฤษในศตวรรษที่สิบเจ็ด
และของฝรั่งเศสในศตวรรษที่สิบแปด

y porque la revolución burguesa en Alemania no será más que el preludio de una revolución proletaria inmediatamente posterior

และเพราะการปฏิวัติชนชั้นนายทุนในเยอรมนีจะเป็นเพียงโหมโรงของการปฏิวัติชนชั้นกรรมาชีพทันที

En resumen, los comunistas apoyan en todas partes todo movimiento revolucionario contra el orden social y político existente

กล่าวโดยย่อ
คอมมิวนิสต์ทุกหนทุกแห่งสนับสนุนทุกขบวนการปฏิวัติต่อต้านระเบียบทางสังคมและการเมืองที่มีอยู่

En todos estos movimientos ponen en primer plano, como cuestión principal en cada uno de ellos, la cuestión de la propiedad

ในการเคลื่อนไหวทั้งหมดเหล่านี้พวกเขานำมาสู่ด้านหน้าเป็นคำถามนำในแต่ละคำถามเกี่ยวกับทรัพย์สิน

no importa cuál sea su grado de desarrollo en ese país en ese momento

ไม่ว่าระดับการพัฒนาในประเทศนั้นจะเป็นอย่างไรในขณะนั้น

Finalmente, trabajan en todas partes por la unión y el acuerdo de los partidos democráticos de todos los países

ในที่สุดพวกเขาก็ทำงานทุกที่เพื่อสหภาพแรงงานและข้อตกลงของพรรคประชาธิปไตยของทุกประเทศ

Los comunistas desdeñan ocultar sus puntos de vista y sus objetivos

คอมมิวนิสต์ดูถูกที่จะปกปิดมุมมองและจุดมุ่งหมายของพวกเขา

Declaran abiertamente que sus fines sólo pueden alcanzarse mediante el derrocamiento por la fuerza de todas las condiciones sociales existentes

พวกเขาประกาศอย่างเปิดเผยว่าจุดจบของพวกเขาสามารถบรรลุได้โดยการบังคับโค่นล้มเงื่อนไขทางสังคมที่มีอยู่ทั้งหมด

Que las clases dominantes tiemblen ante una revolución comunista

ปล่อยให้ชนชั้นปกครองสั่นสะเทือนกับการปฏิวัติคอมมิวนิสต์

Los proletarios no tienen nada que perder más que sus cadenas

ชนชั้นกรรมาชีพไม่มีอะไรจะเสียนอกจากโซ่ตรวนของพวกเขา

Tienen un mundo que ganar

พวกเขามีโลกที่จะชนะ

¡TRABAJADORES DE TODOS LOS PAÍSES, UNÍOS!

คนทำงานจากทุกประเทศ รวมตัวกัน!